LE CHEMIN DE FER

STRATÉGIQUE

DE

CHERBOURG A BREST

PAR

LE LITTORAL DE LA MANCHE

———◦◦◦———

SAINT-SERVAN

IMPRIMERIE DE A. LE BIEN

—

JUIN 1866

CHEMIN DE FER

DE

CHERBOURG A BREST

LE CHEMIN DE FER

STRATÉGIQUE

DE

CHERBOURG A BREST

PAR

LE LITTORAL DE LA MANCHE

« La Bretagne, plus complètement rattachée au système général des chemins de fer de l'Empire, sort de son isolement; les deux grandes lignes qui l'enlacent, reliées l'une à l'autre par plusieurs voies secondaires, forment un réseau à mailles étroites, appelé à se resserrer encore et qui ne saurait laisser échapper aucun élément de richesse et de fécondité. »

Discours prononcé, le 17 avril 1865, par S. Exc. M. A. Béhic, ministre de l'Agriculture, du Commerce et des Travaux publics, à l'inauguration du chemin de fer de Brest.

SAINT-SERVAN

IMPRIMERIE DE A. LE BIEN

JUIN 1866

SOMMAIRE

— vj —

NOTE PRÉLIMINAIRE

Avant d'ouvrir la discussion, nous croyons utile de préciser le sens que nous attachons au mot « littoral » qui reviendra souvent sous notre plume, et qui caractérise le tracé maritime du chemin de fer de Cherbourg à Brest par rapport au tracé de l'intérieur.

« LITTORAL. Les côtes qui bordent une mer ou un pays. »
« CÔTES. Rivage de la mer. »

Bescherelle. *Dictionn. national.*

Ainsi, grammaticalement parlant, le littoral n'est autre chose que l'espace étroit dont le mot « rivage » donne nettement la conception.

Nous avons été conduit à lui attribuer un sens plus étendu et à le regarder comme s'appliquant à une zone moyenne de huit à dix kilomètres. Cette zone varie considérablement avec le relief plus ou moins grand, avec la configuration plus ou moins découpée de la côte. Elle est évidemment plus resserrée dans une péninsule et dans une île que dans un continent.

« Bord, rivage, côte, littoral, » telle nous semble être la série ascendante des termes par lesquels on s'accorde à entendre une étendue de plus en plus profonde de terrains aboutissant à la mer.

PRÉFACE

Nous donnons, à dix-huit mois de distance de la première, une nouvelle édition, revue et mise au courant des faits qui se sont produits, de notre mémoire sur la direction à donner au chemin de fer de Cherbourg à Brest entre Dol et Lamballe, c'est-à-dire dans les dernières sections de son parcours (1).

Dans cet intervalle, les idées que nous défendons ont été soumises à de longues et ardentes discussions; et cependant, quand nous en remontons le cours, nous ne trouvons rien à changer ni à nos conclusions ni même au fond de nos arguments. L'adhésion unanime de plusieurs cantons de Dinan, celle de nos concitoyens de Saint-Malo et Saint-Servan, le vœu du conseil d'arrondissement et l'avis favorable de la chambre de commerce n'ont pu que nous confirmer dans des convictions déjà anciennes. Dans ces derniers temps, nous nous sommes senti autorisé

(1) L'avant projet définitif de ce tracé a été déposé entre les mains de MM. les Maires de Saint-Malo et Saint-Servan le 30 mai 1866. Ce travail, qui n'a pas demandé moins de neuf mois d'études soutenues, a été accompli par M. Sion, conducteur principal faisant fonctions d'ingénieur, sous la direction de M. de Matty de Latour, ingénieur en chef du département d'Ille-et-Vilaine.

à y prendre une nouvelle confiance, quand nous avons vu des cités comme Cherbourg et Granville relever à leur tour le même drapeau et défendre la même cause au nom des mêmes intérêts.

Lorsque nous avons pour la première fois, vers le milieu de 1864, abordé cette question, nous l'avons fait par un côté, en apparence, secondaire. On disait autour de nous que le principal obstacle au maintien de l'idée, idée première et longtemps incontestée, du tracé par Saint-Malo, était la difficulté, pour ne pas dire l'impossibilité de traverser la Rance près de son embouchure. Plusieurs de nos amis eux mêmes, effrayés de cet obstacle et rebutés par l'insuccès d'une première tentative faite pour le vaincre, se montraient disposés à céder devant ce qu'ils croyaient une fatalité de la situation et à souscrire aux prétentions toutes récentes encore de Dinan de ramener à lui la grande ligne de Cherbourg à Brest. Avant de la revendiquer au nom du littoral, il était indispensable de faire reconnaître si la difficulté alléguée était bien aussi grande, dans l'état actuel de l'art des constructions, qu'elle avait pu l'être autrefois. Dans un autre ordre d'idées, il semblait du plus haut intérêt pour le cas où Dinan viendrait à triompher, ce qui, au point où l'affaire était arrivée, semblait malheureusement trop probable, de ménager de bonne heure à nos deux villes le seul moyen qui pût leur rester de parer, en partie du moins, le coup cruel dont elles seraient dès lors atteintes. Par ce double motif, nous crûmes devoir, tout d'abord, nous attacher à la question spéciale du passage de la Rance comme au véritable nœud de cette grande affaire.

Il ne dépendait pas de nous, quand bien même nous y aurions eu quelque penchant, de changer les termes du problème. Nous en reprîmes purement et simplement la solution au point où l'avaient laissée, en 1840, les études faites, sur l'ordre du Gouvernement, par MM. les ingénieurs d'Ille-et-Vilaine, pour la construction d'un pont au drcit du rocher de Bizeux, en face de la ville de Saint-Servan et à portée de celle de Dinard. C'est là, il est vrai, que les difficultés se présentaient dans les conditions les plus ardues, mais c'était là aussi que l'on avait vu se concentrer dans les épreuves d'une solennelle enquête les sympathies presque unanimes du pays (1).

---

(1) On compta 3,075 suffrages en faveur de Bizeux contre 48 éparpillés entre d'autres emplacements. MM. les ingénieurs avaient paru d'abord contraires à Bizeux, où ils apercevaient, non

Cependant il y allait de notre sincérité, nous le comprîmes, de laisser voir clairement, dès le premier jour, le fond de notre pensée. Nous nous présentions avec un palliatif au mal, mais nous voulions, avant tout, appeler nos concitoyens à conjurer le mal lui même s'il en était temps encore. C'est ce que nous fîmes dans un mémoire dont le présent travail n'est autre chose que la suite et le développement (1).

L'attention de nos deux villes et de tout le littoral était, de ce moment, éveillée. Une protestation s'était fait entendre; la priorité acquise au littoral était remise en lumière, un appel avait été adressé à la sollicitude des pouvoirs publics pour la sauvegarde du grand intérêt national engagé dans une question où des intérêts régionaux et même locaux tendaient à prendre une influence prépondérante.

Malheureusement, la situation était peu favorable pour une pareille revendication : les choses étaient bien avancées de la part de Dinan, et depuis plus d'une année nos villes étaient livrées aux dissenssions que faisaient naître le système des travaux du bassin à flot et la réunion des deux cités en une seule. Graves et brûlantes affaires qui, par une coïncidence fatale, venaient de raviver en même temps nos luttes séculaires ! (2) Il ne restait plus assez de calme dans les esprits pour que l'on eût une conscience bien nette du danger. Cependant, la ville de Dinan, sans paraître s'émouvoir d'une initiative toute privée comme l'était la nôtre, et voyant le cri d'alarme que nous avions jeté rester sans écho au milieu des préoccupations qui absorbaient le pays, poursuivait résolument sa nouvelle voie et tendait à s'assurer l'une après l'autre toutes les avenues

---

sans raison, si l'on se reporte aux seuls moyens dont on disposait alors, des dangers difficiles à conjurer. Toutefois, quand l'affaire eut été étudiée sous toutes ses faces, ils reconnurent, d'un côté, « que tous les vœux du pays étaient pour l'érection d'un pont à Bizeux, et que tout autre emplacement ne satisferait qu'une très faible minorité; » d'autre part, que l'opinion des constructeurs les plus habiles, pouvait rassurer sur l'avenir de l'entreprise. Sur ces préliminaires, ils présentèrent un projet définitif dont la dépense était évaluée à 2,500,000 fr. L'œuvre échoua, au moment où elle semblait le mieux assurée, devant les craintes exprimées dans le sein du conseil général des Ponts-et-Chaussées au sujet de l'effet du vent sur des travées suspendues d'une aussi grande portée. L'invention des ponts à treillis en fer est venue heureusement donner un moyen nouveau et sûr de résoudre le problème.

(1) Voir aux annexes deux longs extraits de ce mémoire.

(2) Une députation de Dinan se présentait à Saint-Malo même, le 28 octobre 1864, pour entretenir de ses projets M. le Ministre des Travaux publics, venu sur les lieux puiser les éléments de sa décision relative aux travaux du bassin. Deux mois après, le 5 janvier, l'administration mettait officiellement à l'étude l'union des deux villes, agitée depuis un an dans l'opinion.

du succès. Il nous fallut donc, obéissant à la logique de la situation et ne prenant conseil que de notre dévouement, passer de la question du pont de la Rance à celle du chemin de fer, dont ce pont n'était qu'un simple élément.

Dès l'origine, nous nous étions proposé un double but : il ne tarda pas à être atteint.

D'une part, l'objection avec laquelle on avait espéré ruiner la cause du littoral, se trouvait levée grâce au concours que nous avions rencontré dans le plus grand établissement métallurgique de France, dans celui-là même qui s'est acquis par la construction des plus beaux ponts en fer du nouveau système la plus haute notoriété. Qu'il veuille bien recevoir ici l'expression de notre vive et profonde gratitude.

D'autre part, le calme renaissait à peine parmi nous, que nos deux villes, sur la proposition de leurs honorables maires, faisaient en commun les fonds nécessaires pour les études du tracé du littoral (1).

Dès la fin de l'année précédente, le projet dressé sous l'autorité de M. Schneider, directeur du Creuzot, par M. Mathieu, ingénieur en chef de cet établissement, nous avait permis d'établir que, moyennant une dépense relativement modérée, on pouvait franchir la Rance dans la direction du rocher de Bizeux, sur le point même où l'obstacle était le plus grave : 1,000 mètres de largeur; 14 mètres d'eau dans le chenal à mer basse; 4 à 6 mètres sur le reste. La démonstration devait à plus forte raison être regardée comme faite pour un autre emplacement, celui de Jouventes, situé à trois kilomètres en amont, où la rivière a une profondeur et une largeur beaucoup moindres : 497 mètres de largeur dans les plus hautes marées; 11 mètres d'eau dans le chenal; 3 à 4 mètres dans le reste.

---

(1) Il n'a pas tenu à Dinan que cette union ne fût mise de bonne heure en danger. Dans toute la polémique entamée, on affecta longtemps à Dinan de distinguer l'action de Saint-Malo de celle de Saint-Servan. C'est ainsi que, le 26 mars 1865, un journal de Dinan annonçait avec solennité dans une note qui semblait prendre des allures officielles, un « accord entre les villes de St.-Malo et de Dinan dans la question du chemin de fer, » et faisait honneur de cet accord au bon sens du conseil municipal de St.-Malo. Cette tactique ne prit fin que devant la ferme déclaration suivante, concertée entre les deux Maires et publiée le même jour (11 octobre) dans les journaux de Saint-Malo et de Saint-Servan : « .... Disons seulement que c'est une tentative sans issue que celle de diviser dans cette question Saint-Malo et Saint-Servan. Les votes des deux conseils municipaux ont été aussi unanimes l'un que l'autre, et les deux Maires en poursuivent les suites avec le même accord. » C'est ainsi que, trompant les espérances de leurs adversaires, nos deux villes ont trouvé dans la question du chemin de fer un terrain commun, un élément de rapprochement et d'union.

Le fait de la possibilité du passage de la Rance à portée de nos deux villes restait donc acquis, et devenait pour elles, à tout évènement, une sécurité précieuse. Il vient d'être mis dans un nouveau jour par le projet de pont à double circulation, route et chemin de fer, présenté par le Creuzot pour l'emplacement de Jouventes, et adopté en dernier lieu par nos deux villes (1).

Mais si la Rance peut être franchie dans de bonnes conditions près de son embouchure, la tentative faite par Dinan pour ramener à l'intérieur la ligne du littoral perd son seul et unique étai. Nous pensons qu'il restera peu de doutes à ce sujet quand on aura pesé les considérations et les faits sur lesquels cette conviction est appuyée.

Nous avons commencé le travail que l'on va lire sans avoir sous les yeux presque aucun document officiel, et c'est en dehors de toute étude sur le terrain que nous avons dù hasarder de premières appréciations des parcours et des dépenses. On verra si nous avions touché juste. Nous l'avons terminé sans autre appui qu'une idée vraie et féconde, sans autre avantage sur les adversaires de la direction du littoral que l'habitude d'envisager les choses à un point de vue d'intérêt général et sans préoccupation ombrageuse ou exclusive d'intérêts locaux.

Dans une position privée et avec des moyens purement personnels d'information, nous avons nécessairement laissé des lacunes dans notre travail; peut-être même nous aura-t-il échappé quelques inexactitudes de détail, surtout quand nous avons été conduit à parler de villes voisines qui nous sont moins bien connues que les nôtres. Nous n'avons pas besoin de protester que, du moins, nous n'avons eu en vue que la vérité, seul appui solide de toute cause, et qu'aucun sacrifice ne nous a coûté pour y arriver.

Une sensation pénible s'est produite et devait se produire dans certaines régions de Dinan à la suite de la publication de notre second mémoire. On voyait qu'il fallait compter avec la revendication dont nous nous étions rendu l'organe, bien qu'on affectât d'y voir seulement

---

(1) Notre opinion personnelle est restée favorable à l'emplacement de Bizeux. Aucune des objections qui y ont été faites ne l'a ébranlée. Nous croyons toujours que notre pays dans son ensemble avait tout à y gagner, concentré qu'il aurait été dans une puissante et majestueuse unité. En présence des dispositions défavorables qui se sont manifestées parmi un certain nombre de nos concitoyens, dans une ville aussi bien que dans l'autre, nous n'avons pas dù insister davantage sur un élément important mais non essentiel du projet.

« une œuvre individuelle (1). » Depuis 1842, la population aspirait à un chemin de fer, sans se rendre bien compte de quel côté il convenait de le chercher; des idées très diverses avaient été successivement agitées dans ce but. En dernière analyse, la pensée était venue, en 1863, nous ne savons comment, de faire entrer dans le système de la grande ligne stratégique de Cherbourg à Brest le chemin de Dinan à Caulnes, étudié jusques là comme simple embranchement de la ligne de Rennes à Brest. Pour espérer le succès d'une pareille combinaison, il fallait se faire une grande illusion sur les dispositions des ministères de la Guerre et de la Marine à accepter comme se rencontrant à Dinan et à Caulnes les conditions essentielles de cette ligne; il fallait compter sur les préoccupations qui absorbaient nos deux villes; il fallait oublier les traditions anciennes aussi bien que des agissements plus récents (2). Nous rappelions les faits que le temps avait pu faire perdre de vue; nous remettions en ligne les intérêts que de graves et urgentes actualités avaient momentanément rejetés au second plan; nous rendions enfin la discussion contradictoire. De là sans doute le sentiment qui a inspiré les réponses directes ou indirectes faites à notre mémoire, et qu'aurait dû prévenir non seulement la proposition si favorable à Dinan dont nous avions pris l'initiative, mais l'accent sympathique dont nous ne nous étions pas un instant départi envers une ville qui nous touche de si près et qui est liée par tant de côtés à nos propres destinées.

La cause est aujourd'hui entendue, et l'instruction officielle a parcouru tous ses premiers degrés. Le Gouvernement ne s'est pas encore prononcé. Il a donné le champ libre, *fair play !* à toutes les parties, autorisant les études du littoral aussi bien que celles de l'intérieur, celles de Saint-Malo, Saint-Servan, Cherbourg et Granville aussi bien que celles de Dinan et de Saint-Lô. Dominant dans sa haute et sereine impartialité les impatiences intéressées, il a laissé à tous les délais nécessaires pour que la situation fût mise dans tout son jour. Plus le temps s'écoule, plus s'éloigne le danger qui s'est si subitement dressé devant nos deux villes, plus nous croyons que, dans les conseils du Gouvernement, l'opinion qui demande l'application sincère de la double donnée fondamentale du chemin de fer de Cherbourg à Brest ne peut

---

(1) Délibération du conseil municipal de Dinan du 4 mars 1865.

(2) Voir aux annexes les notes 2 et 4.

manquer de l'emporter. Cette donnée est maintenant rétablie sur toute l'étendue de la ligne. Défendue par des populations comme celles qui se pressent sur la côte, de Cherbourg à Saint-Brieuc, elle ne court plus le risque qu'une détermination précipitée vienne à la fausser, et lègue à l'avenir les charges d'une trop juste et trop inévitable réparation.

La première émotion passée, Dinan a dû revenir à une appréciation plus exacte de la situation en elle même et dans ses rapports si complexes avec les intérêts généraux de l'Etat. Ce qu'il faut à cette ville, comme le disait, en 1861, dans son énergique concision, un message officiel à l'adresse de l'administration municipale de Dinan, c'est le chemin de fer de Caulnes, et il ne peut manquer de l'avoir ! (1) Il aura, de plus, le chemin de fer de Saint-Malo qui, croyons nous, a pour Dinan une toute autre urgence. Déjà l'Empereur prenant en main comme toujours les causes déshéritées, a fait entendre, assure-t-on, un mot qui serait toute une promesse. Mais ce chemin promis, sera-ce bien celui de Cherbourg à Brest ?

Bien des personnes à Dinan même ne le croient plus. Les esprits réfléchis n'ont pas tardé à se dire que c'était désormais une tentative insoutenable de demander que la ligne maritime de Cherbourg à Brest laisse de côté le seul port militaire qu'elle rencontre sur son parcours ; que cette ligne, ligne stratégique de premier ordre, se tienne hors de portée de la seule place importante qui la commande ; que cette ligne enfin, ligne commerciale presque autant que maritime et stratégique, se détourne des ports de St.-Malo et St.-Servan pour aller desservir un port qui a un mouvement de marchandises cinquante fois moindre.

Dans notre opinion, c'est de l'embranchement que nous avons proposé entre Pleurtuit et Dinan, embranchement qui se continuera infailliblement jusqu'à Caulnes, et plus tard jusqu'à Napoléonville, que Dinan doit attendre la satisfaction qu'il a poursuivie dans des voies si diverses. Qu'il se rallie franchement à cette combinaison, et sa cause deviendra celle de nos deux villes, et son avenir sera assuré ! Autrement, le danger peut devenir grand pour lui si la ligne de Cherbourg à Brest reste seule en discussion ; si la question que nous avons élargie,

---

(1) « .... Il faut procurer à Dinan la vie industrielle que les chemins de fer propagent, en obtenant le tronçon de Caulnes. » Lettre de M. le sous-préfet de Dinan du 22 septembre 1861, citée *in extenso* dans l'*Exposé de la situation générale de Dinan*. Février 1862.

est ramenée à ses termes simples c'est-à-dire à la comparaison du tracé du littoral avec le tracé de l'intérieur.

Que le Gouvernement dise un mot, mot impatiemment attendu : qu'il veuille bien consacrer les droits de Dinan à une part dans le réseau des voies ferrées, et dire que le chemin du littoral ne s'exécutera pas sans que ces droits reçoivent une satisfaction équitable et simultanée ! Et les inquiétudes qui se sont produites s'apaiseront aussitôt sous cette parole, et Dinan, comme Saint-Malo et Saint-Servan, en attendra l'effet avec la plus respectueuse confiance.

A. CHEVREMONT,

ANCIEN SOUS-PRÉFET DE ST.-MALO, ANCIEN PRÉFET,
MEMBRE DE LA COMMISSION D'ENQUÊTE D'ILLE-ET-VILAINE.

La Rive (Saint-Servan) 2 juin 1866.

P. S. Nous recevons communication du rapport que M. l'Ingénieur en chef du département d'Ille-et-Vilaine a joint au projet du littoral. Dans ce document qui restera la pièce capitale de la question débattue, l'honorable M. de Matty de Latour établit avec la plus haute force de raison la supériorité à tous les points de vue du tracé de Saint-Malo sur celui de Dinan. Nous regrettons de ne pas avoir connu plus tôt cet important travail; nous y aurions puisé, sans hésiter, quelques aperçus qui nous ont échappé. — Une première et très rapide lecture nous a fait remarquer quelques chiffres qui diffèrent légèrement des nôtres. Il faut que quelques remaniements aient eu lieu dans le projet, au moment de la mise au net. Nous allons nous en assurer, et, s'il y a lieu, nous indiquerons à la suite des annexes les rectifications qu'il y aurait lieu de faire aux chiffres de notre mémoire et particulièrement au tableau synoptique inséré à la page 80.

On n'a pas oublié les dissensions que soulevait, en 1864, dans le sein des populations de Saint-Malo et Saint-Servan, l'achèvement de leurs grands travaux maritimes.

Pendant que des débats passionnés absorbaient l'attention dans nos deux villes, une autre question, bien autrement vitale pour nous et pour toute la région dont Saint-Malo est la métropole commerciale, était, après de longues années d'effacement, relevée à l'improviste près de nous, s'agitait sans nous et risquait de se résoudre contre nous. La ville de Dinan, justement émue de l'isolement auquel semblait la condamner la préférence donnée au tracé de Dol sur ceux d'Evran et de Châteauneuf dans l'exécution du chemin de fer de Rennes à Saint-Malo, cherchait à ramener à l'intérieur la grande ligne de Cherbourg à Brest, dont elle avait été autrefois la première à appuyer le passage par le littoral. Mieux inspirée, croyons-nous, elle eût continué à fondre ses intérêts particuliers dans les nôtres et dans ceux de tout le nord-est de la Bretagne. Elle rentrera bientôt d'elle-même, nous l'espérons, dans cette voie où la ramènent toutes ses traditions. Dès ici, du moins, nous voulons faire appel à la haute sollicitude du gouvernement de l'Empereur en faveur du maintien d'un projet qui concilie si bien avec la satisfaction la plus large des intérêts économiques de notre pays dans son ensemble, les devoirs sacrés de la défense du territoire et l'accroissement effectif de notre puissance dans la Manche et sur l'Océan.

C'est la pensée même de cet accroissement qui a donné naissance, en 1842, au projet de réunir dans un même réseau de chemins de fer les ports de Cherbourg, Brest et Lorient. Celui de Rochefort est destiné à s'y relier par Napoléon-Vendée et Nantes; quant au port de Toulon, il s'y rattache déjà par Rennes et par les chemins de l'intérieur de la France. Le moment approche donc où des communications directes et accélérées mettront en rapport tous les grands centres de notre marine guerre.

Ce réseau, pour que son utilité au point de vue des intérêts maritimes devienne complète, doit embrasser tous les ports de la côte, comme le fait celui de l'Angleterre, de manière à former en un seul faisceau les énergiques populations qui les entourent, et à les tenir, dans les besoins publics, à la disposition immédiate de l'Etat. La solidarité naturelle des deux marines marchande et militaire se trouve ainsi consolidée. Il n'est pas nécessaire d'être marin ni homme de guerre pour comprendre la portée d'une pareille entreprise : chacun sent instinctivement la valeur de ce vaste trait d'union s'étendant de proche en proche sur nos côtes, et est à même d'apprécier la liberté d'action, qu'à un moment donné, moment toujours rapide et quelquefois décisif, un pareil réseau pourrait rendre à nos flottes.

Il ne donnerait pas des garanties moins précieuses à la défense de nos ports, qu'il permet de défendre l'un par l'autre, en concentrant presque instantanément sur celui qui serait menacé les forces et les moyens de tous.

A ce dernier point de vue comme à celui des entreprises au dehors, nous ne pouvons laisser oublier que le passage du chemin de Cherbourg à Brest sous les murs de Saint-Malo, par le milieu de cette population de marins, unique en France par le nombre comme par la valeur professionnelle, sur un point où sont centralisées des réserves de la marine, est destiné à apporter un renfort précieux à tous les grands mouvements de la défense comme à ceux de l'agression (1).

---

(1) Dans son beau livre de *la Bretagne*, pages 528 et 530, Jules Janin s'exprime au sujet de notre pays dans des termes qui font mieux comprendre que ne pourraient le faire de froids raisonnements, la place qu'occupe Saint-Malo dans le monde maritime :

« Vie de matelots, passion de la mer, amour de l'orage, orgueil de l'écume salée, pêche et bataille, canon et abordage, tel est Saint-Malo!...... Dans ce vertige, dans cet amour de tout ce qui sent le goudron et la poudre, sont venus au monde, balancés par tous les vents de malédiction et de triomphe, de victoire et de tempête, d'intrépides marins dont le nom ressemble à des fables. Duguay-Trouin, par exemple et Jacques Cartier et Surcouf; loups de mer, héros, soldats, capitaines; un grand homme, un grand navigateur, un forban; le boucanier à côté de l'amiral, Christophe Colomb, voisin de l'écumeur de mer. Surcouf, c'est l'héroïsme poussé jusqu'à la folie; il a quelque chose de la renommée des grands pirates. C'est un nom que les anglais n'auront garde d'oublier, tant cet homme leur a causé d'insommies!...... Avec ces deux noms, Duguay-

De pareilles ressources n'ont pu cesser d'être appréciées. Les ports et les rades de la Rance ont maintes fois servi d'abri à nos escadres, et les marins de Saint-Malo ont eu longtemps le glorieux privilége de former seuls l'équipage du vaisseau-amiral de toute flotte française (1). Si les temps sont changés, si le droit commun est devenu le patrimoine de tous, si avec sa vieille autonomie Saint-Malo a perdu sa puissante initiative, les lieux et les hommes sont restés les mêmes, et la grande patrie peut en attendre, si les circonstances le demandent jamais, les mêmes services, les mêmes efforts (2).

Cette pépinière de marins, si avantageuse pour le recrutement rapide de nos flottes de transport et de combat, est atteinte à sa racine par l'état de souffrance où se trouvent la grande et la petite pêche, résultat de la rareté croissante du poisson; par la concurrence, dominante jusque dans nos ports, des navires étrangers, suite inévitable de la transition du système protecteur aux principes du libre-échange; enfin par la diminution du petit cabotage, conséquence de la construction de chemins de fer s'étendant à travers les continents d'une mer à l'autre.

Parmi les mesures propres à combattre la décadence menaçante des professions maritimes, il n'en est pas de plus efficaces, quelque indirectes qu'elles paraissent, que celles qui tendent à assurer la prospérité des ports en les rattachant fortement les uns aux autres et aux villes de l'intérieur. Par ce moyen, une féconde union d'intérêts s'établit, les relâches des navires deviennent moins onéreuses, les ressources se partagent, des débouchés nouveaux s'ouvrent, et la navigation se développe. L'Etat ne tarde pas à se ressentir pour ses armements de la vie nouvelle qu'il a fait circuler dans les ports. « Ayez d'abord une grande marine de commerce, disait récemment encore un illustre écrivain, la marine de guerre viendra d'elle même! » C'est l'immense développement de la marine du commerce qui fait la puissance des flottes anglaises,

Trouin et Jacques Cartier, une cité de marins n'a rien à envier à pas une ville maritime; pas même à la ville qui est fière de Jean Bart, pas même à Gênes qui a produit Christophe Colomb ! »

(1) Lettres patentes de Louis **XIV** du 18 mars 1655, renouvelées à plusieurs reprises.

(2) Le dernier survivant de cette génération héroïque de corsaires qui, après la perte de l'île de France, soutint presque seule sur mer l'honneur de notre pavillon, M. Herbert-Closneuf, vient de s'éteindre au milieu de nous. Les guerres maritimes présentent peu d'exemples d'une lutte aussi acharnée et aussi inégale que celle où le lieutenant Herbert, resté seul debout avec six hommes sur le corsaire le *Renard,* fit sauter le bâtiment de guerre l'*Alphée,* armé de douze caronades et de douze pierriers. Septembre 1813.

appuyées qu'elles sont sur d'innombrables vaisseaux marchands et sur près de cinq cent mille matelots. Le lien étroit de dépendance des deux marines n'est nulle part plus fort qu'en France, où l'inscription maritime est la base large et profonde sur laquelle repose l'édifice de notre grandeur navale; nulle part aussi l'intérêt de l'Etat n'est à ce point engagé à la richesse des ports et à l'extension de leurs affaires.

Pour ne parler ici que des rivages qui bordent les baies de Granville, de Saint-Malo et de Saint-Brieuc, n'est-ce pas un acte de haute prévoyance militaire, en même temps que d'intelligence économique, d'encourager les vocations maritimes sur les points mêmes où les hommes de mer se forment dans les meilleures conditions de vigueur physique et morale, dans les plus saines traditions de discipline, d'honneur et de dévouement?

Saint-Malo.
Rôle de sa marine
dans le passé.

Le temps est loin sans doute, et personne moins que nous n'en appelle le retour, où les jeux sanglants de la guerre dévoraient l'activité des peuples; où Saint-Malo, alors l'un des premiers ports de l'Océan (1), armait à ses seuls frais des flottes entières, délivrait le mont Saint-Michel occupé par les Anglais, découvrait le Canada, entrait dans la ligue des villes anséatiques, fondait la compagnie des Indes, envoyait une escadre au siége de la Rochelle, forçait en plein midi l'entrée de Tunis, mettait vingt-huit grands navires et cent six petites voiles à la disposition de Tourville, versait dans le Trésor public épuisé la solde de l'armée qui allait sauver la France à Denain, couvrait enfin les mers d'une nuée de corsaires « ces troupes légères de la mer, »

---

(1) On a quelquefois comparé l'action exercée par Saint-Malo sur l'océan à celle des républiques maritimes de l'Italie, Gênes, Pise, Amalfi, Venise.

Le rapprochement avec cette dernière, toute proportion gardée, ressort assez naturellement de nombreuses conditions communes aux deux cités. Comme Venise, Saint-Malo était entouré de lagunes et plongeait de toutes parts ses pieds dans les flots; comme elle, il était régi par une constitution libre. De même que Venise se tenant à égale distance du Pape et de l'Empereur, Saint-Malo avait à ménager d'un côté le roi de France, de l'autre le duc de Bretagne; comme Venise en face des lourdes galères du Grand-Turc, Saint-Malo se trouvait sur toutes les mers en présence des hautes *naufs* anglaises; comme Venise, Saint-Malo était une cité à la fois marchande et guerrière; comme elle enfin il a subi la loi du temps et des révolutions. Si l'une avait à son livre d'or les noms des Dandolo, des Michele, des Morosini, des Gradenigo, des Malipieri, Saint-Malo se glorifiait à bon droit de ses rudes bourgeois, des Beaulieu, des Pépin, des Grout, des Lefer, des Porée, des Magon, des Danycan. Jusque sous la monarchie concentrée de Louis XV, Mahé de la Bourdonnais, l'illustre et infortuné gouverneur de l'île de France pour la compagnie des Indes, rappelle le double profil des énergiques provéditeurs.

comme les appelait dès le XIII° siècle l'un de nos plus grands rois (1).
Ce temps est loin, mais l'avenir est dans le secret de Dieu seul ! S'il
était réservé à notre pays de soutenir de nouveau quelqu'une de ces
luttes gigantesques où il a été si souvent engagé, qui pourrait jamais
regarder comme une auxiliaire indifférente de Cherbourg, de Brest, et
de Lorient, la patrie des Jacques Cartier, des Surcouf et des Duguay-
Trouin ?

Il fut une époque où l'embouchure de la Rance semblait appelée
aux brillantes destinées qui sont devenues le partage de Cherbourg.
Vauban, confiant dans les traditions qui s'y étaient maintenues et
dans les ressources qu'elle présentait pour un grand établissement,
l'avait désignée pour devenir le dépôt de nos forces dans la Manche.
Le projet de ce grand homme de guerre, projet digne en tout de son
génie, a pendant un siècle entier balancé la fortune de Cherbourg. Il
l'emporterait peut-être aujourd'hui que l'emploi de la vapeur a résolu
les difficultés d'accès que l'on reprochait alors à nos rades. Quant à
leur tenue, elle n'a jamais été sérieusement contestée : bonne à toute
heure et par tous les vents, elle devient excellente par ceux de nord-est
à sud-est, et quand la mer a baissé au-dessous du sommet de la ligne de
rochers qui forment, en avant, comme une digue naturelle. L'épreuve
de la terrible tempête du 2 décembre 1863, phénomène anormal et
sans précédent connu sur nos côtes, n'a pu, en somme, que confirmer
leur vieille renommée (2).

C'est au projet de Vauban qu'appartient le formidable enchaînement
de forts et de batteries, qui, de la Varde à la pointe du Décollé, couvrent
au loin nos approches du côté de la mer. OEuvre immense et qui ne
s'expliquerait pas s'il s'était agi, s'il s'agissait même encore de défendre

Station navale de l'embouchure de la Rance.

---

(1) « Les malouins multipliés et fortifiés de jour en jour sur leur rocher, commençaient à devenir
ces terribles corsaires que nous verrons plus tard à l'œuvre. Dès les croisades, les escadrilles des
corsaires malouins étaient proclamées *les troupes légères de la mer*, incommodant l'ennemi, divisant
ses forces, balayant ses croiseurs et butinant de riches cargaisons. » Charles Cunat : Histoire de
Surcouf.

« Les malouins, au XVII° et XVIII° siècles faisaient la guerre de corsaires sur la plus vaste
échelle. Ils armaient des escadres où l'on comptait des bâtiments de 50 à 60 canons. » Ch. Lecoq.
Notice historique.

D'après les registres de l'amirauté Britannique, les corsaires de Saint-Malo, de 1688 à 1697, en
dix années, enlevèrent aux anglais et aux hollandais 162 navires de guerre et 3,584 bâtiments
marchands. Galeries de Versailles, tome II, page 286.

(2) Il faut consulter au sujet de la rade de Saint-Malo le mémoire de M. Henri Heurtault,
directeur des mouvements du port militaire de Saint-Servan, pages 3 et 4. Mars 1866.

un simple port de commerce ! Sans doute, les progrès de l'artillerie navale ont pu, ici comme partout ailleurs, inspirer des craintes pour la résistance à venir de ces ouvrages, mais il ne faut pas perdre de vue que ces progrès profiteront avec le temps à la défense plus encore qu'à l'attaque. Déjà l'armement des forts se transforme; on le met de plus en plus en rapport avec celui des vaisseaux. Aux pièces de 30 rayées succèdent les pièces de 50, et l'on parle de mettre en position, dans quelques places choisies, comme la Turquie en donne l'exemple dans le détroit des Dardanelles, des pièces d'un bien plus grand calibre ! En face d'une pareille sollicitude, il est permis de croire que l'armement de nos côtes ne restera pas longtemps en arrière des moyens d'action que peuvent développer les vaisseaux (1).

C'est encore le projet de Vauban qui a, de nos jours, inspiré les ingénieurs dans la conception du bassin construit entre nos deux villes, port à flot plutôt que bassin, où pourraient se ravitailler les plus grandes escadres (2). Ce bassin comporte une surface flottable de cinquante hectares. Au centre du large canal circulaire qu'il décrit, se trouve une autre nappe d'eau de même étendue, séparée de la première par une digue insubmersible. Au fond, on rencontre l'ancien arsenal maritime du Talard, en face duquel la Marine avait, en 1836, décidé la création d'une darse pour le stationnement et la réparation de ses navires. Ce projet paraît avoir été abandonné : il pourrait être repris avec de notables avantages. A défaut de la marine de l'Etat, celle du commerce ne peut manquer d'en demander pour son compte la prochaine exécution.

---

(1) A l'attaque de Wilmington (décembre 1864) la flotte des Etats-Unis, sous le commandement de l'amiral Porter, bombarda sans résultat pendant vingt-quatre heures le fort Fisher. Dans cet intervalle, vingt mille coups furent tirés sur le fort; il y eut des moments ou 175 projectiles creux pleuvaient par minute sur cet ouvrage. Il résista, et l'assaut ne fut pas même tenté. Revue des Deux-Mondes, 1er Janvier 1866, pages 137 et 138.

(2) « ...... Le port de Saint-Malo qui, suivant le projet, peut devenir un bassin excellent, n'est qu'un échouage où les vaisseaux souffrent beaucoup et sont toujours en danger d'être brûlés par les premiers garnements à qui il en prendra envie !...... En occupant Saint-Servan, situation très-avantageuse, comme il a été projeté en dernier lieu, ou lui ôte tous ses défauts (*les dangers venant de l'ennemi qui attaquerait par terre*). En joignant Saint-Malo à Saint-Servan par une digue revêtue et percée d'une écluse, on communique les deux ensemble, et en même temps, on y fait un bassin capable de mettre tous leurs navires à flot, qui couvrira la place et ne laissera d'accès aux attaques que par le Sillon au Château. » Mémoire du maréchal de Vauban.

Le projet original signé par Vauban lui même et daté du 6 avril 1698, est déposé aux archives du Génie militaire à Saint-Malo. Ce n'est pas sans émotion que nous avons contemplé ce témoignage vénérable de l'une des conceptions du grand siècle, ce legs que notre époque s'honore d'accepter.

Deux écluses mettent l'avant-port en communication avec le bassin. La plus grande a une longueur absolue de 166 mètres et une longueur utile de 114 mètres. La largeur est de 18 mètres et la hauteur d'eau de 8 mètres 50 sur le radier d'amont; mais comme ce radier est à 11 mètres 40 en contre-bas de la tablette du massif, et que cette tablette est elle-même à 0 mètre 40 au-dessus des plus grandes mers, on pourrait, dans un cas donné, augmenter le niveau d'eau dans le bassin, sans cependant pouvoir dépasser la hauteur des portes d'ebbe, qui s'élèvent à 10 mètres au-dessus du radier. Or, le *Solferino*, l'un de nos plus grands vaisseaux, compte seulement 86 mètres de longueur, 17 mètres 30 de largeur, et 7 mètres 90 de tirant d'eau à pleine charge; il passerait donc facilement dans cette écluse, et trouverait à l'intérieur, le long de la digue de jonction, un espace de plusieurs hectares où la profondeur de l'eau doit être maintenue au minimùm de 8 mètres 50. On n'a pas encore construit, en France, de navire de guerre ayant plus de 9 mètres de tirant d'eau; le *Napoléon* seul et les bâtiments de ce type ont atteint un pareil chiffre. On peut juger, en rapprochant ces données, des services que le bassin à flot de Saint-Malo est appelé, dans certaines éventualités, à rendre à notre marine de guerre.

Telle que l'embouchure de la Rance est, dès maintenant constituée, avec ses rades de Saint-Malo, de Dinard, de Belle-Grève et du Mont-Marin, avec son vaste bassin à flot, avec son port militaire de Solidor, avec l'imposant ensemble des fortifications qui la protégent, avec les chemins de fer et le canal navigable qui viennent y aboutir, et sans compter les développements que rendent si faciles les vastes espaces et les ressources de tout genre dont on y dispose, elle doit être regardée comme une station navale, comme un port de refuge de premier ordre. Les difficultés de son accès, très-exagérées du reste, sont une garantie de sa sécurité. Les navires y pénètrent à tout état de la mer par une passe longue et étroite mais toujours régulière et profonde, merveilleusement défendue (1), et que l'emploi de la vapeur à bord des vaisseaux,

Services qu'elle peut rendre comme port de refuge entre Cherbourg et Brest.

---

(1) Le rapport fait au Conseil général, dans sa session de 1865, page 181, nous emprunte cette phrase, mais exclut de la citation les deux mots « merveilleusement défendue. » Il devient facile, dès lors, de la retourner contre nous, et de démontrer par nos paroles mêmes que l'ennemi peut pénétrer dans nos rades et venir détruire le pont sur la Rance, et qu'un chemin de fer, dans ces conditions, ne remplirait pas le but que se propose l'Etat : unir nos deux arsenaux maritimes par une voie ferrée à l'abri des événcments de la guerre. Mais si nos rades sont, comme nous

le balisage des écueils et l'éclairage de la côte ont rendue, de nos jours, praticable aux plus grands bâtiments. Les ouvrages avancés qui s'étendent en demi cercle en avant et à plusieurs kilomètres de nos rades, tiennent tous nos mouillages hors de portée de l'artillerie ennemie. Une flotte vînt-elle, au prix des plus grands sacrifices, à éteindre leur feu, elle trouverait, en face d'elle et sur ses flancs, si elle cherchait à avancer, les nombreux forts des deux villes et de la côte, peut-être des batteries flottantes et, comme en 1758, une ligne de vaisseaux embossés. Elle n'aurait pour évoluer, à mer basse, que des chenaux étroits, parsemés sans doute à l'avance de ces terribles feux sous-marins qui se sont tant perfectionnés depuis les premières épreuves (1). Si,

---

l'établissions après tous les hommes de guerre, après le plus illustre des ingénieurs militaires « merveilleusement défendues, » tout doit faire admettre qu'elles sont, autant que la prudence humaine peut le prévoir, à l'abri des événements de la guerre. — Dans un autre passage, le même rapport, faisant allusion à nos désastres de 1758, dit que les ennemis ont pu avec des vaisseaux en bois opérer des débarquements et pénétrer à Saint-Malo, malgré la ceinture des écueils qui l'entourent, y brûler sous les murs de la ville deux vaisseaux de ligne, plusieurs corsaires, etc. Par malheur pour ce raisonnement et les conséquences que l'on en déduit, la base même manque : en effet, les ennemis n'ont pas plus pénétré à Saint-Malo, en 1758, avec des vaisseaux en bois qu'ils n'y pénétreraient probablement, en 1866, avec des vaisseaux cuirassés. Ils prirent pied à Cancale, qui était alors sans défense, et c'est par terre, par terre seulement, ainsi que l'avait toujours craint Vauban, qu'ils vinrent attaquer Saint-Malo. La contenance de cette ville, que le gouvernement avait eu l'ingratitude et l'imprévoyance de laisser dégarnie, fut admirable dans cette cruelle extrémité. Après plusieurs jours d'investissement, le duc de Marlborough dut se rembarquer avec son armée. Une seconde tentative, faite quatre mois plus tard, par l'amiral Howe avec 133 voiles et une armée de 14,000 hommes, n'eut pas plus de succès, et Saint-Malo, au profond désappointement et à la vive irritation de l'Angleterre qui avait dépensé des sommes considérables pour ces deux expéditions, ne put, cette fois encore, être pris ni par terre ni par mer.

(1) On lit dans *La Patrie* des 4 et 12 mars 1866 : « Les expériences des torpilles volantes ont eu lieu aujourd'hui à Castigneau (Toulon). Une chaloupe ordinaire, munie d'un éperon sous-marin, armée à son extrémité d'une capsule fulminante, a attaqué à l'aviron la frégate à vapeur *le Vauban*, et, dans moins d'une seconde, l'a soulevée à un mètre au-dessus de sa ligne de flottaison, en produisant dans sa basse carène une énorme brèche qui a fait couler la frégate sur place. Ce succès est d'autant plus remarquable que l'essai a eu lieu avec une torpille explosible ne contenant que trois kilog. de poudre....... On a constaté que, tout en produisant des ravages effrayants, la nouvelle torpille n'offrait aucune chance de danger pour ceux qui seraient chargés de l'employer contre un navire ennemi. — Le nouvel engin de guerre sera d'autant plus terrible que l'emploi pourra en être fait d'une manière invisible. Avec cet engin, la navigation en vue des côtes de France deviendrait impossible en temps de guerre pour un croiseur ennemi ; car celui-ci serait continuellement exposé à sauter en l'air, sans que le moindre signe apparent pût lui révéler la présence ou l'approche du danger. » — C'est surtout dans des passes comme celle de Saint-Malo que des torpilles dormantes, mises en communication par des fils électriques avec la côte, ou rendues explosibles par le seul effet du choc, produiraient des effets assurés pour la protection de la place.

dans une pareille situation, une flotte, déjà maltraitée dans l'attaque de la ligne extérieure de défense, se hasardait à entrer dans nos rades, il est à croire qu'elle ne tarderait pas à subir le sort de l'escadre cuirassée des Etats-Unis au siége de Charleston (1).

L'importance militaire de l'embouchure de la Rance, au fond d'un golfe que commandent les îles anglo-normandes, sentinelles avancées de nos anciens ennemis, est un fait qui n'a échappé à aucun des gouvernements qui ont présidé aux destinées de la France. Telle est la raison des énormes sacrifices faits pour y accumuler des moyens de défense et y créer les établissements nécessaires à la marine et à la guerre. De ce point solidement occupé, des forces navales, même médiocres, peuvent tenir en échec les escadres entretenues dans ces îles, diviser les forces opposantes et contribuer puissamment à maintenir ouverte la voie par mer entre Cherbourg et Brest. En même temps, nos rades offriraient à toute heure et par tous les vents un refuge assuré aux vaisseaux désemparés par la tempête ou par l'ennemi et leur donneraient les moyens de s'y refaire. Ces moyens, comme la Chambre de commerce de Granville le fait observer avec raison, il faut nécessaire_ ment les puiser sur l'un de ces trois points : Brest et Cherbourg aux extrémités de la ligne, Saint-Servan au centre, même pour ceux des bâtiments qui auraient été forcés de se réfugier dans le bassin de Granville. Le port militaire de Saint-Servan est à mi-distance des deux grands arsenaux; les réserves qu'il contient seraient, en temps de guerre, infailliblement remises au complet, comme elles l'étaient encore, il y a vingt-cinq ans, avant la suppression des grands chantiers de construction qui y étaient établis. L'importance de cette station intermédiaire est trop grande pour qu'on négligeât, en pareil cas, d'en assurer les ressources. C'est dans de telles éventualités que le chemin de fer de Cherbourg à Brest peut devenir, quand la mer se trouvera fermée, le salut d'une partie de nos navires de combat.

Indépendamment d'un bassin à flot, le plus vaste ouvrage de ce genre qui ait jamais été construit, les ports de la Rance sont immédiate- ment précédés d'une rade excellente, la seule de cette valeur qui existe

Importance militaire
de cette station.

---

(1) On peut lire dans l'annuaire de la *Revue des Deux-Mondes*, 1862-1863, pages 751 et suivantes, le récit de cette expérience décisive d'une flotte cuirassée aux prises avec des forts bien armés et bien défendus, formant un demi cercle autour d'elle.

entre Cherbourg et Brest. La moitié de la flotte de Tourville, comptant vingt et un vaisseaux de haut bord, vint s'y abriter pendant plusieurs mois, en 1692, après la bataille de la Hougue. Même en conservant aux navires leur espacement régulier, huit vaisseaux de premier rang peuvent y tenir à l'aise avec un évitage de 115 brasses chacun dans tous les sens, sur des fonds qui n'ont nulle part moins de neuf mètres dans les plus basses mers possibles (1). A peu de distance se trouve une autre rade, celle de Cancale, où vinrent mouiller, en 1793, sous la protection des batteries de terre et du fort des Rimains, huit vaisseaux de ligne et une corvette. En 1795, un vaisseau de ligne a pénétré en rivière jusque dans l'anse du Mont-Marin, en aval du passage de Jouventes.

Ce sont là pour nos escadres de précieuses ressources dans une mer comme celle de la Manche, sur une côte si peu hospitalière, à deux heures des arsenaux de Jersey et de Guernesey, à une journée de Plymouth ! Il y a plus : on doit les considérer comme s'étant par rapport au passé largement accrues. En effet, le prix si élevé auquel reviennent les navires de combat du nouveau type, en limitera désormais étroitement le nombre. L'avenir ne verra plus de flottes comme celles de Louis XIV ni même comme celles des premières années de ce siècle. Les rades, ports et mouillages de la Rance sont donc plus que jamais en proportion avec les besoins d'une grande station maritime.

C'est cette destinée qu'avait en vue l'honorable M. Tupinier, directeur général des constructions navales, dans le savant rapport qu'il consacra, en 1836, au projet de bassin à flot. Il faisait ressortir avec force dans ce document les avantages que la position de Saint-Malo assure à la marine de l'Etat aussi bien qu'à celle du commerce. Après trente années d'épreuve, le Gouvernement n'a pas changé son point de vue : on peut lire dans le dernier *Exposé de la situation de l'Empire*, que Saint-Malo reste classé parmi les ports, en très-petit nombre, où des travaux de premier ordre doivent continuer à être exécutés.

Par le réseau maritime projeté nos ports entreront en communication permanente avec ceux de Cherbourg, Brest et Lorient, dont ils seront en quelque sorte le lien et le nœud. Si un encombrement ou un accident venait à se produire sur un point quelconque du parcours, la permanence essentielle des communications entre les trois grands arsenaux

(1) Procès-verbal de la commission d'enquête du passage de la Rance. Saint-Malo, 1840.

serait maintenue soit par la voie de Dol-Rennes-Lamballe, soit par celle de Caën-Le Mans-Rennes (1). Qu'on s'inquiète donc moins du danger, très-général d'ailleurs pour les lignes frontières, et qui n'a nulle part empêché d'en exécuter, de voir le chemin de fer de Cherbourg à Brest occupé par l'ennemi sur un point du littoral ! Tout ce que la prudence conseille de faire se trouve ici réalisé par trois voies qui peuvent suppléer l'une à l'autre.

A l'avantage d'être reliée aussi fortement aux grands ports de guerre, l'embouchure de la Rance joint celui de communications faciles avec l'intérieur par le chemin de fer de Rennes et par les canaux de Bretagne. Le premier embrasse le pourtour de nos quais, les seconds nous ouvrent une voie économique vers l'arsenal de Rennes et les ports de Brest, Lorient, Redon et Nantes. Le génie de l'homme a donc achevé ce qu'avait si bien préparé la nature.

Mais ce n'est pas tout, en dirigeant par le littoral le chemin de Cherbourg à Brest, il se trouve que l'on pourvoit à une autre condition de l'économie maritime de la France. Une des préoccupations constantes des pouvoirs publics depuis le commencement de la construction des chemins de fer, a été de relier les ports de commerce entre eux, par l'intérieur quand il s'agissait de ports situés sur des mers différentes, parallèlement aux rivages quand il s'agissait de ports situés dans les mêmes eaux. C'est ainsi, à considérer seulement ces derniers, que de Nice à Port-Vendres, des Alpes aux Pyrénées, tous les ports de la Méditerranée sont unis par une ligne de fer continue; le même résultat est bien près d'être atteint pour les bords de l'Océan, de Bayonne à Calais. Une seule grande lacune subsiste : celle de Saint-Brieuc à Cherbourg. Seuls, les ports de Saint-Malo et Granville restent sans voies ferrées entre eux, sans jonction avec leurs voisins. L'exécution du réseau de Cherbourg, Brest et Lorient, vient justement donner l'occasion de combler, sans qu'il en coûte aucun sacrifice spécial à l'Etat, cette grave lacune dans l'ordre des chemins de fer maritimes. C'est une lourde charge qui est ainsi épargnée à un avenir inévitable et prochain.

On s'étonne que, dans les conditions dont nous venons de rappeler les principaux traits, représentant comme il le fait à un si haut degré un double intérêt militaire et commercial, le port de Saint-Malo n'ait

---

(1) Une troisième voie plus abrégée, par Flers, Domfront, Mayenne et Laval est en construction.

pas été, l'un des premiers, tiré de son isolement. C'est cependant ce port, situé à mi-route et sur la voie même de Cherbourg à Brest et à Lorient, que la ville de Dinan voudrait, au nom d'intérêts respectables mais extrêmement limités, tenir en dehors du tracé qui doit relier nos trois grands arsenaux maritimes !

Intérêts stratégiques.

La conservation de notre puissance navale est intéressée, nous l'avons montré, à faire proscrire une pareille tentative. La protection des côtes de la Bretagne s'y oppose plus énergiquement encore.

C'est sur ce chemin de fer, réunissant sous la bouche de nos canons les deux rives de la Rance, que nous avons dû compter, dès 1842, pour nous défendre contre les dangers croissants dont la nouvelle tactique navale menace nos rivages, privilégiés entre tous pour supporter les premières et les plus soudaines attaques. C'est à son aide que la garnison de Saint-Malo pourra se porter, au premier signal des sémaphores, sur le point signalé, de ce côté ou de l'autre de la Rance, à Cancale, à Saint-Briac, au Guildo.

La côte de Cancale au cap Frébel est le point le plus vulnérable des côtes de France.

Le chemin de fer de Cherbourg à Brest est, il est vrai, une voie conçue dans un intérêt maritime, comme l'a été, dans le temps, le réseau entier des canaux de Bretagne. Cependant, à côté de sa destination première, il en a eu, dès le premier moment, une autre non moins importante et en parfaite harmonie avec elle : celle de rapprocher et de rendre solidaires tous les éléments de résistance à une invasion par mer, échelonnés sur les rivages intermédiaires. Il tend ainsi à faire de Coutances, Granville, Avranches, Saint-Malo, Plancoët (1), Saint-Brieuc, Morlaix des centres secondaires de défense, appuyés tous, au moyen des voies ferrées de Bretagne et du Cotentin, sur les garnisons et les arsenaux de Cherbourg, Brest, Lorient et Napoléonville et sur la place de Rennes, le plus grand dépôt et le quartier-général des forces militaires dans l'ouest. C'est pour compléter et fortifier cet ensemble, pour lui donner cette unité, si utile à la bonne direction des forces, que le commandement supérieur de Rennes a été, il y a quelques années, étendu jusqu'à Cherbourg, et qu'il comprend toutes les côtes depuis le Calvados jusqu'à l'embouchure de la Vilaine.

---

(1) Petite ville et port sur l'Arguenon, qui deviendra une station importante du chemin de fer. C'est le point central de la côte. Le duc d'Aiguillon y avait porté son quartier général la veille de la bataille de Saint-Cast.

La place de Saint-Malo est par sa position comme par son importance le point culminant de la défense entre Brest et Cherbourg. En temps de guerre, sa garnison est mise en rapport avec l'étendue de ses fortifications de terre et de mer et des côtes qu'elle doit protéger. Sous le premier Empire, elle était commandée par un officier général. C'est dans son sein que se trouvent centralisés, pour cette partie du littoral, les services de l'artillerie et du génie; c'est aussi le point qui a toujours été, depuis le XIVe siècle, le principal objectif de l'ennemi.

Nous ne nous complairons pas à rappeler longuement ici les assauts livrés à nos remparts mêmes, ni les machines infernales destinées à renverser de fond en comble nos demeures. Oublions, un instant, nos propres périls, et pensons seulement à la situation qui serait faite à nos adversaires par le tracé qu'ils réclament.

Que deviendrait en temps de guerre le littoral de l'arrondissement de Dinan (1), si Saint-Malo restait sans relation directe, rapide et permanente, comme doivent l'y maintenir le pont-route et le chemin de fer que nous demandons, avec la rive gauche de la Rance; si ce littoral restait, dès lors, en dehors de la protection immédiate qu'il ne peut attendre que de la place de Saint-Malo? Que deviendrait Dinan lui-même en face d'une flotte comme celle de l'amiral Howe, s'il fallait faire venir de Saint-Malo par Dol et Dinan, ou de Rennes par Lamballe les forces et le matériel nécessaires pour repousser une descente à Saint-Briac (2)? Avant que ces troupes fussent entrées en ligne, le pays aurait été mis à contribution ou saccagé; l'ennemi aurait repris la mer, emportant, sans avoir été même inquiété, nos dépouilles les plus chères; ou bien encore, ce qui serait le plus à redouter, les forces débarquées se seraient retranchées sur la côte; elles auraient assuré leur retraite et porté leur front en avant. Ce ne serait plus alors qu'au prix de dou-

Saint-Malo
est
le point culminant
de la défense
de
cette partie du littoral

Nécessité
de le relier
à la
rive gauche de la Rance

---

(1) Le littoral de l'arrondissement de Dinan présente un front de vingt kilomètres. L'arrondissement lui-même s'étend dans les terres à 45 ou 50 kilomètres.

(2) Les troupes auraient à parcourir pour arriver de Saint-Malo à Saint-Briac par Dinan 50 kilomètres en chemin de fer et 20 kilomètres en routes de terre, total 70 kilomètres; de Rennes par Lamballe, 80 en chemin de fer et 40 en routes de terre, total 120 kilomètres. L'artillerie, la cavalerie, les bagages ne pourraient suivre l'infanterie. Le pont-route dont sera doublé le pont de Jouventes, donnerait, au contraire, un passage simultané à ces deux armes, pendant que l'infanterie parcourrait onze kilomètres en chemin de fer et huit en route de terre. Un corps complet avec son matériel serait ainsi formé en quelques heures sur le terrain, sans le décousu ni les dangers d'une longue marche et de convois successifs.

loureux sacrifices, de sanglantes mêlées qu'on parviendrait à les repousser et à les rejeter à la mer !

Et pendant ce temps qu'elle ne serait pas l'anxiété de nos familles,
suivant des yeux dans la baie, du haut de nos remparts, les moindres
mouvements de la flotte ennemie ! De longues, de mortelles heures se
passeraient avant que nous vissions reparaître sur la rive gauche et
s'engager avec l'ennemi nos enfants et nos soldats, nos soldats heureux,
cette fois encore, de lutter à côté de leurs émules !

Ce n'est pas à s'assurer les moyens de combattre même avec succès
l'ennemi débarqué que la prévoyance du Gouvernement doit s'attacher,
c'est à l'empêcher de débarquer. Dinan, dépourvu de tout appareil
militaire et à la distance où il est de la côte, n'aurait pas le moyen de
repousser une tentative de descente. Or, laisser l'ennemi prendre pied
sur notre sol, ne pas profiter, pour s'engager contre lui avec plus d'avantage, de la confusion, des difficultés, des dangers que présente, même
avec les moyens actuels si supérieurs aux anciens, la mise à terre d'un
grand corps de troupe, ce serait faire la plus cruelle des fautes, ce
serait, disons le bien haut, commettre une trahison envers le pays !

Telle est cependant la conséquence forcée du tracé de l'intérieur
opposé au tracé du littoral. Dinan ne voit-il pas à quels périls il serait
exposé dans cette hypothèse, lui qui n'est qu'à une petite journée de
marche du rivage ? Et à quels dangers ne serions-nous pas en butte
nous mêmes, pris à revers, comme nous le serions, du côté de terre
où, depuis le dessèchement des marais de Dol et des grèves de Saint-
Malo, notre ligne de défense s'est, depuis Vauban qui la jugeait déjà si
défectueuse, sensiblement affaiblie (1) ?

Nous ne saurions trop insister sur d'aussi cruelles éventualités, dont
la seule pensée ne fait pas moins souffrir notre honneur que nos
affections. Nous vivons sans doute dans une ère où fleurissent avant

---

(1) « .... On laisse à juger s'il est raisonnable de laisser une ville du mérite et de l'importance de St.-Malo en cet état, lorsqu'il y a si bien moyen de la réparer ! Une ville, dis-je, qui a
un bon port de mer, un gros commerce bien établi, qui lui attire une forte jalousie de toutes les
grosses villes de commerce de nos ennemis, et qui, par les courses qu'elle a faites sur eux en
temps de guerre, les intéresse tous à sa ruine. Elle est de plus frontière du royaume, exposée à
toutes les puissances de l'Europe qui la voudraient entreprendre, et, d'ailleurs, très-éloignée des
secours de terre que nous pourrions lui donner. Peut-on soutenir après cela qu'il importe peu
que cette place soit négligée du côté de la terre, après avoir pris tant de précautions et fait
tant de dépenses pour l'assurer contre les insultes de la mer? » Mémoire de Vauban.

tous les autres les arts de la paix, mais la prudence commande à un pays qui veut être respecté de se mettre, pendant qu'il est fort, en état de repousser toujours une insulte. Le Gouvernement de l'Empereur le pense ainsi, lui qui, non content des vastes et imposants ouvrages élevés autour de nous par les gouvernements antérieurs, et, avant eux, par nos ancêtres (1), les complète chaque jour à grand frais, renforçant les parties faibles, comblant des lacunes inaperçues, transformant leur artillerie. C'est la même pensée qui le porte à relier par une ligne continue de sémaphores tous les postes avancés de nos côtes; ligne qui suppose une autre ligne également continue et parallèle de voies ferrées.

Ces jours d'épreuve qu'il nous coûte de regarder comme possibles, au sein des temps calmes où nous vivons, le souvenir de ce qui est arrivé à nos pères suffirait pour nous donner la résolution de les contempler virilement en face.

Ils se confiaient dans la ceinture de leurs écueils quand, aveuglés sur le danger qui allait les atteindre et toujours inquiets pour la conservation de leurs glorieux privilèges, privilèges que le progrès de l'unité nationale allait emportant chaque jour, ils s'opposaient à l'accomplissement des vues prévoyantes et protectrices de Louis XIV et de Vauban. Et cependant un demi siècle s'était à peine écoulé que, faute de cette enceinte du côté de terre, tant combattue par eux, le duc de Marlborough, descendu sans opposition à Cancale (2), avec un corps de quinze mille hommes venait brûler jusque sous leurs murs deux vaisseaux de ligne, plusieurs corsaires, quatre-vingts navires et tous les chantiers, magasins et approvisionnements du port (3). Autre souvenir que nous rappelons avec plus de regret encore, souvenir que remet en mémoire un autre genre de danger qu'a couru notre pays : des vieillards nous raccontaient naguère encore avoir vu la grande armée vendéenne marcher sur Saint-Malo, pour donner, comme le fit deux ans plus tard à Quiberon l'insurrection bretonne, la main aux escadres anglaises; pousser ses

Cruelle expérienc
de 1758.
Dangers courus
en 1795.

---

(1) **Les fortifications et l'arsenal de St.-Malo** étaient, avant la révolution, la propriété de cette ville qui comptait au nombre de ses droits celui de se garder elle même. En 1791, la nation les acheta pour une somme de deux millions qui n'a pas été payée.

(2) Le fort des Rimains, qui couvre la rade, n'a été construit qu'en 1779.

(3) Cette perte seule s'éleva à 12,000,000 de livres, vingt millions de notre monnaie. Cb. Lecoq, Notice historique.

reconnaissances jusqu'aux retranchements de Châteauricheux, et enfin aller, après trois jours de combats autour de Dol, se briser aux remparts de Granville !

Ne nous endormons donc pas dans une sécurité trompeuse ! Si nous ne devons plus songer à la double enceinte de Vauban, œuvre que le progrès de la population de Saint-Servan et de Paramé ne permettrait plus d'accomplir sans des dépenses énormes, renforçons du moins nos côtes à l'aide du chemin de fer du littoral, instrument de défense plus puissant que les murailles ! Assurons-nous le moyen d'être présents partout où l'ennemi tentera de descendre : l'armée et les volontaires feront le reste comme au glorieux jour de Saint-Cast !

Il paraît donc bien établi que c'est le long de nos rivages, à une distance de la mer assez grande pour qu'il soit à l'abri des insultes de l'ennemi, assez rapprochée pour que les troupes puissent joindre à temps le point menacé, que le chemin de Cherbourg à Brest doit passer pour répondre aux besoins de la protection de la côte.

Le tracé de Saint-Malo répond à cette double condition.

Il se trouve, en effet, entre la Rance et Plancoët, à une distance moyenne de six kilomètres du rivage, et les troupes descendues sur la ligne même ou aux stations auront à peine une ou deux heures pour le joindre. Au-delà de Plancoët, en face d'une partie de la côte où le rivage est moins abordable, le chemin entre encore plus avant dans les terres. La voie ferrée ne sera d'aucun point aperçue du large et en butte aux projectiles ennemis. Peut-être même aurait-on pu serrer la côte de plus près; c'est ce que faisait la direction que nous avions proposée par Bizeux, le nord de Pleurtuit, Ploubalay et Saint-Lormel en aval de Plancoët. L'entrée en ligne des troupes eût été plus rapide, et la voie n'eût pas eu à courir plus de dangers.

Le passage de la Rance, reporté de Bizeux à Jouventes, doit trouver désormais dans le chemin de fer lui-même sa plus précieuse garantie contre toute attaque venant du côté de la terre. Si, malgré ce chemin, le pays venait à être envahi, le pont, il faut le reconnaître, ne serait guère plus en sûreté à Dinan qu'à Jouventes; sur ce dernier point, il est plus rapproché de l'ennemi, mais en revanche il est plus sous la main des forces qui doivent défendre le passage. Tant qu'il ne s'est agi de traverser la Rance qu'au moyen d'un simple pont-route, nous avons regardé comme obligé l'emplacement de Bizeux, qui est couvert par les

Conditions favorables où le chemin de Cherbourg à Brest par Saint-Malo se trouve placé au point de vue stratégique

canons mêmes de la place et par la circonvallation projetée autour de
Dinard. Avec le chemin de fer qui éloigne autant que possible le danger
d'un débarquement hostile, les objections que soulevait l'emplacement
de Jouventes ont perdu beaucoup de leur force. Rien n'empêche même
les partisans de cet emplacement de se prévaloir ici de la maxime de
Napoléon, « qu'on ne doit défendre le cours d'un fleuve qu'offensive-
ment, c'est-à-dire en s'assurant de tous ses passages et en se mé-
nageant toujours le moyen de le franchir (1). »

Quant à une attaque par mer, le pont, placé comme il le sera à plus
de trois kilomètres en dedans de la rivière et à onze kilomètres de
l'enceinte extérieure de la place; couvert par la presqu'île de Cancaval
que l'on peut hérisser d'artillerie, nous paraît réunir les conditions les
meilleures de sécurité. La canonnière cuirassée, le Monitor même dont
on le menace, paraîtront de vains épouvantails à ceux qui voudront bien
songer aux obstacles accumulés sur la route que le navire ennemi aurait
à parcourir. Quoi ! lorsqu'une flotte de 133 voiles s'est arrêtée, il y a
un siècle, devant nos fortifications inachevées et abandonnées à notre
seule garde, une misérable canonnière viendrait braver nos deux villes,
passer sous le feu de tous nos ouvrages, pénétrer dans notre rivière,
y faire sauter un pont dont la masse seule défierait plusieurs heures
d'efforts, et se retirerait triomphante à travers les mêmes obstacles,
après avoir accompli son œuvre de destruction ! Est-ce bien aux malouins
que l'on tient un pareil langage ! Nous croit-on revenus à ces temps
sinistres, à cette époque d'affaissement universel où les Northmans
remontaient les fleuves de la Neustrie, entraient dans la Rance elle-
même et y détruisaient pour jamais la cité d'Aleth, berceau commun
de nos deux villes? Les liens d'osier des barques se sont changés en
côtes de fer, nous le voulons bien, mais nos rivages sont-ils restés
désarmés comme aux jours de Charles le Simple? Et nos classes bour-
geoises si imprégnées des sentiments de l'honneur, nos soldats qu'en-
flamme le culte du drapeau, nos ouvriers, nos matelots, nos paysans
de la côte que le nom seul de l'ennemi anime d'une ardeur généreuse,
ont-ils rien de commun avec ces populations effarées que balayait
devant elle une bande de pirates? Non, aucune canonnière ennemie ne

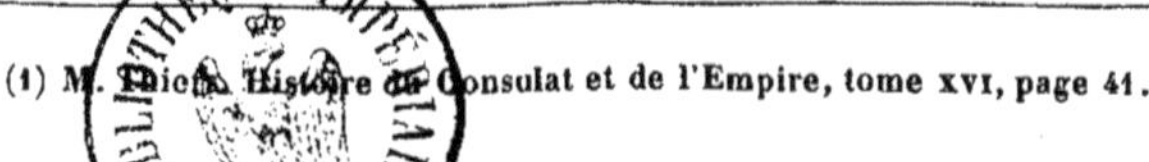

(1) M. Thiers, Histoire du Consulat et de l'Empire, tome XVI, page 41.

se risquerait dans nos passes, mais, y entrât-elle par surprise, elle périrait avant même d'avoir traversé les premiers mouillages (1) !

A l'aide du tracé de Saint-Malo, la garnison de cette ville sera en mesure de parer aux premiers dangers qui menaceraient la côte. Les forces tenues en réserve à Rennes, s'il était besoin d'y recourir, auraient pour déboucher sur le littoral les trois points suivants : à l'est, la station de la Gouesnière, sur le chemin de Rennes à Saint-Malo; au centre, la station de Pleurtuit sur le chemin de Saint-Malo à Caulnes; à l'ouest, la station de Lamballe sur le chemin de Rennes à Brest. Aucun point de nos frontières maritimes n'est plus exposé, mais aussi, nous devons le reconnaître, aucun ne réunirait des moyens plus assurés de résistance.

Le Conseil municipal de Cherbourg, si bien placé pour puiser aux meilleures sources une opinion sur les questions maritimes et militaires, va plus loin que nous : il soutient que, pour être ligne stratégique, la ligne de Cherbourg à Brest, au lieu de s'abriter loin du littoral (ce mot est pris évidemment dans le sens le plus restreint, le sens grammatical, celui de rivage) doit le « côtoyer » pour en mieux assurer la défense. Quand on examine, ajoute-t-il, les lignes nombreuses qui parcourent les

---

(1) Il n'est pas hors de propos de mettre sous les yeux de ceux qui croient si simple et si facile de nous braver, comment notre pays trouva dans son énergie propre, il y a cent ans à peine, les moyens de se sauver d'une formidable invasion. Laissons parler trois historiens étrangers à nos deux villes :

« En 1758, une poignée de paysans et de gentilshommes rappela, au Guildo, la gloire des Thermopyles, en arrêtant toute une armée anglaise. » Pitre Chevalier, page 618.

« Quand la Bretagne apprend que l'anglais menace sa terre, et que l'amiral Howe s'avance en bon ordre, elle donne trève à ses colères contre la cour de France, et le duc d'Aiguillon va attendre les anglais dans la grève de St.-Cast. Il eût fallu les voir, bourgeois, soldats, paysans, qui s'en viennent, comme au temps du duc François II, repousser l'invasion anglaise. Même un d'entre eux, Rioust de la Ville-Audrain, avec quatre-vingts paysans, tint en échec toute l'armée ennemie pendant vingt-quatre heures. Bientôt les anglais si fiers hésitent et se troublent; ils regrettent de s'être avancés si près sur cette terre ennemie. Ils veulent revenir sur leurs pas, les bretons s'y opposent. Arrivent alors les troupes du duc d'Aiguillon, auxquelles se sont réunis les paysans armés que conduisent les sieurs de Cucé, de Montaigu, de Quélen, de Kerguezec, de Launay-Corne, de Caslan, Grout de Saint-Paër, Grout de Meurtel, et autres gentilshommes du voisinage. Les uns et les autres, dans une commune ardeur, ils se dirigent vers Saint-Cast. Les retranchements des anglais furent attaqués au pas de course et emportés après un conflit acharné, malgré le feu de la flotte. » La Bretagne, par J. Janin, page 567.

Dans cette mémorable bataille qui dura depuis onze heures et demie jusqu'à deux heures de l'après-midi, beaucoup de Malouins, dont plusieurs furent blessés et quelques-uns tués, combattirent avec le plus grand courage: entre autres Péan de Pontpbily, les deux Grout, Delaunay, Danycan, de Vaucouleurs, Sohier, Beauvais, de Chautrelle, de Châteaubriand, Deslandes Daniel. Voir Ch. Lecoq, notice historique, page 17, texte et note.

côtes anglaises, en les suivant, on peut invoquer à l'appui de cette thèse l'exemple de nos prudents voisins.

En effet, en Angleterre, où cependant les craintes d'une descente entretiennent, au moindre événement qui trouble les rapports avec la France, une si vive et si profonde agitation dans les esprits, partout les lignes de fer se sont rapprochées du rivage autant que l'ont permis les anfractuosités de la côte et la position des ports à desservir. Sur d'assez grandes longueurs même, de Brighton à Worting, de Hastings à Pevensey, par exemple, la voie ferrée se confond presque avec le rivage (1). Il en est de même en France pour le chemin de Calais à Saint-Valéry sur cent kilomètres de longueur, à quelques lieues de la côte anglaise. Sur le rivage de la Méditerranée, aux abords de Cette, le chemin de fer passe à travers les lagunes, et de Toulon à Livourne, sur cent lieues de développement, le chemin ne quitte pour ainsi-dire pas le bord même de la mer. En face des nouveaux moyens dont dispose la guerre maritime et qui exigent une si grande rapidité dans les évolutions de la défense, on sera conduit, chaque jour davantage, à rapprocher de plus en plus des côtes mêmes les voies ferrées du littoral, ou à leur donner de nombreux et courts embranchements vers les points les plus exposés.

C'est à Saint-Malo qu'est échu le périlleux honneur de la protection de la côte et du pays. Dinan qui ambitionne de nous remplacer à notre poste de combat, qui met en avant la prétention d'être « un point éminemment stratégique », Dinan pourrait-il bien jamais remplir l'office dont nous sommes depuis les temps modernes en possession exclusive ?

Remarquons d'abord que cette ville est à vingt kilomètres du rivage le plus voisin et ne s'y relie que par des routes ordinaires. Là se trouve le premier obstacle à cette action instantanée que doit demander désormais la résistance à toute tentative faite contre la côte. Le second obstacle est dans le défaut absolu de tout établissement militaire à Dinan. Il n'y a rien qui ne fût à y créer, si l'on entreprenait d'en faire une ville de guerre : casernes, magasins, services administratifs, fortifications, esprit public même ! Tout cela existe depuis des siècles à

---

(1) Cet exemple de Pevensey est d'autant plus frappant que c'est peut-être le point des côtes d'Angleterre le plus favorable pour le débarquement d'une grande armée. C'est sur ce point que Guillaume le conquérant prit terre avec ses soixante mille hommes. Hastiugs, où se livra la grande bataille qui décida du sort de la domination saxonne, est à quelques lieues de là.

Saint-Malo et constitue par son ensemble la véritable place forte, une de ces places sur lesquelles la défense d'un pays peut s'appuyer avec confiance.

Que Dinan ait été un point stratégique dans le moyen-âge, à une époque où toute hauteur isolée se couronnait de murailles et devenait le refuge des habitants d'alentour; dans un temps où il était compris comme Dol, Hédé, Bécherel dans la zone des Marches de Bretagne; à une époque où notre province formait un état séparé, souvent en guerre avec ses voisins; que, grâce à sa position topographique, si favorable alors, si fatale aujourd'hui, il ait été une des villes les plus inexpugnables de la Bretagne, c'est incontestable. Dinan a pu être encore un point stratégique dans les temps désastreux de nos dernières guerres civiles, dans des circonstances où les forces agressives venaient de l'intérieur, manquaient entièrement d'artillerie et se laissaient arrêter par de simples abatis, des chevaux de frise et des retranchements de campagne. C'est alors et dans ce sens seulement, comme nous l'avons rappelé le premier, que le général Hoche, quand il commandait en chef l'armée chargée de la pacification de l'ouest, se proposait de fortifier Dinan, c'est-à-dire de le mettre à l'abri d'un coup de main (1). Depuis la fin du moyen-âge, Dinan a perdu tout intérêt militaire; il ne pourrait en retrouver que s'il était mis en état régulier de défense. Encore répondrait-il bien mal au but que l'on se serait proposé, celui d'arrêter les progrès d'une invasion victorieuse, maintenant que, à la différence du passé, le pays est sillonné de routes, et que Dinan n'est plus la clef unique du passage de la Rance.

Dans l'état, Dinan est trop loin de la mer et trop mal rattaché au rivage pour servir « de point de concentration permanent » aux troupes réunies en vue de la protection de la côte. Il est trop près de la mer et d'ailleurs trop ouvert à l'ennemi pour servir « de base d'opérations » à un corps chargé de combattre un autre corps qui aurait réussi à débarquer et qui s'avancerait vers l'intérieur.

C'est donc une prétention de tous points insoutenable de vouloir faire de Dinan « un point éminemment stratégique, » à côté et par comparaison avec Saint-Malo. Cette dernière ville a été dans le passé

---

(1) Il n'a jamais été donné suite à ce projet, tout de circonstance, que nous avons trouvé rapporté dans la nouvelle édition du grand dictionnaire d'Ogée, donnée par M. Marteville en 1847.

et restera dans l'avenir le boulevard de notre pays, la sauvegarde de Dinan lui même. C'est son honneur, honneur chèrement acheté et qu'elle n'est pas disposée à abdiquer devant les ardeurs subites que l'on voudrait inspirer à Dinan. Loin de tracer les chemins de fer de manière à tourner St.-Malo, c'est de son enceinte même qu'on doit, dans l'intérêt suprême de la sécurité du pays, les faire rayonner vers l'intérieur et vers la côte : vers l'intérieur, pour en tirer les approvisionnements et les renforts; vers la côte, pour y distribuer instantanément les moyens de résistance.

Dinan a pris soin, du reste, de condamner à l'avance de pareilles prétentions, et a démontré lui même la nécessité d'un chemin de fer sur le littoral. Écoutons au sujet de cette nécessité son propre témoignage. On remarquera le mot « côtes » dont se servent les documents que nous citons, mot moins compréhensif encore dans l'usage ordinaire que celui de « littoral » et qui limite plus étroitement la zône où doit être placé le chemin de fer. Il ne viendra en effet à personne la pensée de regarder comme étant situés sur la côte, surtout quand il s'agit d'un tracé rival de celui du littoral, Dinan, Caulnes, Plélan, Plédéliac, etc.

« Les côtes de l'Angleterre sont sillonnées le long de la Manche par une ligne de fer dont nos voisins et éternels rivaux ont compris l'importance en cas d'attaque. N'est-ce pas une indication qui commande impérieusement l'exécution d'une semblable ligne sur les côtes de France? »

« Il ne faut pas perdre de vue qu'en face de nos côtes, à moins de deux heures de navigation, à Jersey même, l'Angleterre a élevé un nouveau Gibraltar, qu'elle a garni d'une vaste et imprenable citadelle, et qu'elle y prodigue ses trésors pour y construire un port militaire et un arsenal.

......« De là les navires de guerre, si prompts et si rapides aujourd'hui peuvent en un instant porter sur nos côtes le fer, le feu et tous les malheurs de l'invasion. »

Rapport de la commission dinannaise, page 5, sans date; 1864?

« Le gouvernement de l'Empereur ne veut pas laisser plus longtemps les côtes françaises dépourvues de moyens rapides de communication, pendant que les côtes anglaises possèdent sur la rive opposée un système complet de rail-ways qui permet de voler à l'attaque et à la défense avec une célérité qui nous est encore interdite. »

Rapport à la commission d'enquête des Côtes-du-Nord, présenté par
M le maire de Dinan et adopté par la commission. Août 1865, page 2.

« Que l'Angleterre, tandis que vous serez occupés ailleurs (1), rassemble
en silence une large flottille de bateaux à vapeur, et, en trois ou quatre
heures seulement, arrive des îles anglo-normandes pour attaquer à
l'improviste vos ports, vos bassins, vos villes, vous préviendrez mieux
les dangers qui vous menacent, s'il existe le long du littoral ou à peu
distance (2) un chemin de fer qui, en reliant tous les ports maritimes
d'une côte si étendue, permette d'y transporter, au premier signal
télégraphique, des bataillons et de l'artillerie, colonnes volantes qui se
porteraient en peu d'heures des environs de Cherbourg jusqu'à Brest,
en couvrant Granville, St.-Brieuc, tous les points vulnérables, opposant
ainsi à la soudaineté de l'attaque par la vapeur la soudaineté de la défense
par le même agent. Ce système vaudrait mieux qu'une nombreuse
armée disséminée, parce qu'il ne demanderait que peu de troupes, la
rapidité du mouvement suppléant au nombre. Il élèverait comme une
muraille frontière où le soldat serait toujours et partout prêt à la
défense, tellement que l'ennemi, sans espoir, ne rêverait pas même
la possibilité d'une attaque. »

Comice central de Dinan. Travaux de 1842, page 93.

Impossible de démontrer en meilleurs termes la nécessité d'un
chemin de fer stratégique le long de nos côtes. Comment se fait-il
qu'après avoir si bien posé les prémisses de la question, Dinan vienne
maintenant tenter de fausser la conclusion qui se tire de ces prémisses,
en proposant d'éloigner le chemin de fer non seulement des côtes
mais du littoral, et surtout de l'isoler des forces entretenues sur les
côtes mêmes à Saint-Malo (3)? Nous ne croyons pas que l'on ait donné

---

(1) On signale ici avec une grande sagacité le véritable moment du danger. C'est, en effet, quand
la France serait occupée ailleurs, épuisée par de longues guerres, en lutte peut-être à l'intérieur,
comme en 1795 et 1815, que l'on songerai à attaquer nos côtes.

(2) C'est exactement la position qu'affecte le tracé de Saint-Malo, qui, s'il n'est pas sur le littoral
proprement dit, ne s'en éloigne que d'une faible distance. La condition de relier tous les ports,
la comparaison si bien trouvée et si parlante, du chemin de fer à « une muraille frontière, » l'exemple
allégué des chemins de fer anglais qui, « sur la rive opposée » serrent la côte au plus près, ne
permettent pas d'équivoque sur l'application sincère des vues exposées par Dinan.

(3) N'est-ce pas les isoler que de maintenir l'obstacle de la Rance et de donner aux troupes,
pour aller là où le danger est le plus pressant, tant d'espace à parcourir ? Voir la note 2 de la
page 13.

souvent le spectacle d'une contradiction aussi lamentable, alors qu'il s'agit d'intérêts tels que ceux de la défense du pays. Et quand nous insistons à ce sujet, on nous reproche « d'évoquer le fantôme de la guerre (1); » comme s'il y avait rien de plus légitime, rien de plus naturel quand on s'occupe d'un chemin de fer stratégique; comme si ce n'était pas après Dinan lui même que nous nous hasardions, malgré notre insuffisance, sur le terrain des questions militaires (2).

La protection des frontières, quelque souveraines que soient ses exigences, a en vue des temps qui, nous devons l'espérer, s'éloigneront de plus en plus dans la vie des peuples. Les relations que créent l'agriculture, l'industrie et le commerce sont, au contraire, d'une actualité constante. On ne s'étonnera donc pas qu'elles tiennent le premier rang dans nos préoccupations. Toutefois si, par une heureuse harmonie, les intérêts du travail et ceux de la guerre trouvent dans une seule et même combinaison leur plus large et leur plus complète satisfaction, cette combinaison s'imposera aussitôt à tous les esprits.

C'est ce que Dinan proclamait bien haut lui même quand il demandait avec nous la ligne du littoral et le passage de cette ligne par Saint-Malo. « Si..... un chemin de fer qui n'est qu'industriel et commercial, disait-il par la voix de ses hommes les plus autorisés, peut devenir éminemment stratégique, on conçoit qu'aucun autre ne pourra lui être comparé (3). »

Intérêts économiques.

---

(1) Lettre de M. le Maire de Dinan publiée le 19 février 1865.

(2) Un journal de Dinan a reconnu que le chemin de fer de Cherbourg à Brest devait être, avant tout, un chemin stratégique : « n'est-il pas permis de penser, ajoute-t-il, que les considérations relatives à la défense nationale, qu'ont justement fait valoir les auteurs des différents mémoires publiés au sujet de la direction à donner à ce chemin, l'emporteront sur toutes les autres. » 18 Octobre 1865.

« Nous admettons volontiers, dit le Conseil municipal de Cherbourg dans sa délibération du 2 décembre 1865, que dans ses développements naturels le chemin stratégique donne satisfaction à des intérêts d'un autre ordre, et alors son utilité se manifeste sous toutes ses faces; mais qu'il soit bien entendu que le but principal devra être atteint et jamais sacrifié.... Pour résumer notre pensée, nous demandons que partout l'intérêt stratégique domine les influences locales. »

« N'oublions pas, disait dès 1860, le Conseil général de la Manche, que la plus grande satisfaction doit être donnée aux intérêts de la défense; ne posons donc aucune entrave à notre puissance maritime et militaire. »

« Pour le chemin stratégique de Cherbourg à Brest, dit à son tour la Chambre de commerce de Cherbourg elle-même, les intérêts de la défense nationale doivent primer tous les autres. »

(3) Rapport déjà cité du Comice central de Dinan. Nous regrettons de ne pouvoir ici reproduire *in extenso* cet important document, comme nous l'avons fait dans une autre publication. Bornons

Ce sont les deux conditions réunies de haut intérêt militaire et de haut intérêt économique qui recommandent aujourd'hui comme au premier jour, comme en 1842, le chemin du littoral à l'exclusion de celui de l'intérieur, de même qu'elles ont recommandé plus récemment, quoique à un degré moindre, la jonction de Saint-Malo à Rennes. Dinan qui appuyait Saint-Malo dans la poursuite de l'une et de l'autre ligne, a tout-à-coup, après vingt années, cherché à nous exclure du tracé de la première. Nous croyons avoir montré combien une pareille entreprise attente à l'intérêt sacré de la défense du pays, et de quels éléments de force elle tend à priver la puissance navale de la France. Il nous reste à prouver qu'elle ne menace pas moins les intérêts de la richesse de nos contrées, y compris en première ligne celle de Dinan lui même.

Mouvement comparé du port St.-Malo-St.-Servan et du port de Dinan.

Quoique bien déchus de la position qu'ils occupaient aux XVIIe et XVIIIe siècles dans le monde commercial (1), nos ports restent encore parmi ceux qui construisent et arment le plus de navires pour le long-cours, la grande pêche et le cabotage. Voici la situation qu'ils ont présentée, en 1865, mise en regard de celle de Dinan pour la même année :

---

nous à rapporter la pensée de l'Assemblée, telle qu'elle est donnée par le secrétaire dans son exposé des travaux de l'année. « Le but est d'encourager le Gouvernement à faire étudier une ligne qui passerait par Saint-Malo et la côte nord de la Bretagne, plutôt qu'une ligne à travers les landes centrales de cette même province, parce que sur les côtes la population est nombreuse et riche, que les ports de mer offrent de grandes ressources, et qu'il importe de relier tous les points du littoral par une ligne à la fois commerciale et stratégique. »

La ligne demandée, en 1842, par la ville de Dinan se trouvait en concurrence avec une ligne traversant non pas seulement le centre de la Bretagne mais des villes importantes de l'intérieur de la France : Chartres, Le Mans, Laval, Rennes. Cette dernière dut l'emporter. Les villes dont nous parlons sont aujourd'hui desservies. Le moment est donc venu où les considérations invoquées par Dinan en faveur du littoral et de Saint-Malo prennent un nouveau degré d'intérêt et d'opportunité.

(1) On sait que la première Compagnie des Indes fut fondée sur l'initiative de St.-Malo. Un siècle plus tard, en 1728, quand cette Compagnie reconstituée porta le siége principal de ses opérations à Lorient, ce furent les grandes maisons de commerce de Saint-Malo qui contribuèrent le plus à la fondation de cette ville, créée de toutes pièces sur une lande déserte.

« De 1698 à 1706, dit M. Charles Lecoq, de Dinan, dans son excellente et substantielle notice historique, les habitants de Saint-Malo s'étaient emparés du commerce infiniment lucratif de la mer du Sud, voyages du Chili et du Pérou. Le siége de la Compagnie des Indes était dans leur ville. Tout y était négociant ou corsaire, dit Duclos dans ses mémoires, et souvent l'un et l'autre. Au milieu des malheurs publics, les armateurs malouins voyaient leurs entreprises réussir sur toutes les mers. »

Navires construits.	**tonnage.**	**Navires appartenant aux ports,**	**tonnage.**
St.-Malo-St.-Servan	32	4,077	383	58,791
Dinan	1	57	30	1,425

Les constructions de Dinan sont ainsi par rapport à celles de nos ports dans la proportion de 1 à 32 pour le nombre et de 1 à 71 pour le tonnage. Ses navires sont par rapport à ceux de Saint-Malo et Saint-Servan dans la proportion de 1 à 13 pour le nombre et de 1 à 41 pour le tonnage.

On voit dès ici l'énorme écart qui existe entre les deux situations, et l'on comprend difficilement comment on a pu opposer à Saint-Malo dans le Conseil général d'Ille-et-Vilaine, « l'importance commerciale de Dinan. »

Le mouvement de ce port par navires à haute voilure, déjà cependant si faible, diminue avec le bas prix de la navigation par chalands entre Saint-Malo et Dinan. Les chalands, même remorqués par la vapeur, ne demandent par tonne, à la remonte comme à la descente, que la moitié du prix maintenu par les navires. L'ouverture, qui vient d'avoir lieu, du bureau et de l'escale de Plouër à l'exportation des grains pour l'étranger, va réduire encore le nombre de ces derniers, en ramenant sur ce point les grains du littoral, qui formaient les deux tiers des expéditions de Dinan. Dans l'état, sauf les petits caboteurs qui chargent des grains et des fruits à cidre, il ne remonte plus guère à Dinan que quelques navires chargés de sel venant du Croisic, de noir-animal venant de Dunkerque et de résine venant de Bayonne.

Rapprochons cette situation de celle des ports de St.-Malo, puisqu'on s'est plu à nous l'opposer.

Trois puissantes compagnies emploient à nos relations avec un pays voisin chacune plusieurs magnifiques steamers; elles ont eu l'année dernière 337 départs et autant d'arrivées. L'une de ces compagnies tend à rendre son service journalier. Des côtres d'une marche supérieure complètent l'intercourse entre les deux pays.

Un bateau à vapeur nous met tous les jours en rapport avec Dinan, et deux autres avec la rive gauche de la Rance et la côte nord de Bretagne. Des paquebots à voiles assurent nos relations avec le Hâvre et Bordeaux; ils ont eu l'année dernière jusqu'à 112 départs. Nos communications avec les ports de la Méditerranée se font généralement par ceux de nos navires qui vont y porter les produits de la pêche, et se chargent en retour de sel, de fruits secs et de vins du midi.

Depuis l'ouverture encore récente (27 juin 1864) d'un premier chemin de fer vers l'intérieur, Saint-Malo devient de plus en plus le point d'arrivage des charbons anglais, attirés chez nous par l'assurance d'un fret de retour en céréales, légumes, fruits, beurres et bestiaux (1). Un essai pour le transport en grand de ces mêmes charbons par bateaux à vapeur de tónnage élevé, n'a pas réussi : il sera repris, annonce-t-on, aussitôt que l'achèvement du bassin à flot aura supprimé la nécessité de l'échouage.

En somme, le mouvement comparé du port de St.-Malo-St.-Servan et de celui de Dinan, est représenté par les chiffres suivants, extraits des relevés de la Douane :

	Entrées.		**Sorties.**	
St.-Malo-St.-Servan	1,659 nav.	142,875 t.	1,649 nav.	142,143 t.
Dinan	150	4,556	149	5,732

	Marchandises importées		**Marchandises exportées**	
	de ports étrangers.	de ports français.	à l'étranger.	vers des ports français.
St.-Malo-St.-Servan	76,086 t.	» (2)	59,358 t.	8,368 t.
Dinan	55	»	1,814	1,239

Ainsi le mouvement genéral de nos ports, en 1865, se résume en 3,308 navires et 285,018 tonnes, enregistrés en Douane. Si l'on y comprend les importations de ports français et la navigation au bornage, c'est-à-dire celle qui se fait entre Saint-Malo et les petits ports de la côte dans un rayon de dix lieues, on arrive à un mouvement total de 376,000 tonnes (3). Les relevés de la Douane accusaient, pour 1844, 2,706 navires et 147,296 tonnes. C'est, après vingt années, un

---

(1) C'est surtout ce fret assuré de retour qui détermine la préférence donnée au port de Saint-Malo pour l'importation des charbons. Ainsi que le fait remarquer un document officiel récent, le commerce anglais achète les blés, qu'il approvisionne à Londres sur une si vaste échelle, dans ceux-là seulement des pays producteurs qui consentent à prendre en échange les produits naturels ou manufacturés de son propre sol. Combien grand est donc l'intérêt de notre pays à favoriser le mouvement d'importation des charbons anglais par Saint-Malo, le seul port de toute la côte où les traditions déjà établies favorisent ce double mouvement, le seul où un chemin de fer vienne sur les quais mêmes réduire les frais des transports et des magasinages ! Sans les énormes arrivages de blés américains qui, pendant que la guerre civile fermait aux Etats-Unis du nord le débouché des Etats du sud, ont, en Angleterre, écrasé les prix, le port de Saint-Malo eût vu, dans les deux dernières années, tripler au moins ses exportations de céréales.

(2) En matière de cabotage, il n'est pas tenu compte, en douane, des quantités de marchandises arrivées.

(3) Mémoire présenté par M. le Maire de Saint-Malo et M. le Président de la Chambre de commerce au sujet du bassin à flot. Le bornage a une telle importance que, pour le seul port du Guildo, il a été délivré, en 1865, 925 passavants.

.accroissement de plus du quart dans le nombre des navires et de près du double dans le tonnage. Et cela, malgré la fatalité que fait peser sur nous depuis trente années l'inachèvement de nos travaux maritimes ! L'année dernière seule a vu le nombre des navires anglais qui fréquentent nos ports, augmenter de 218 en nombre et de 30,985 tonnes en contenance.

Nous ne nous arrêtons pas à faire ressortir la disproportion que révèlent les chiffres qui précèdent entre nos ports et celui de Dinan.

La masse des affaires va donc croissant rapidement parmi nous; les chiffres de la Douane, quoique déjà bien éloquents, ne peuvent en donner une juste idée. Nos importations des ports français n'y sont pas comprises; le produit de la grande pêche qui exige une mise annuelle de plusieurs millions, n'y figure pas non plus. En outre, le mouvement de notre navigation au long-cours est porté presque en entier à l'actif des ports où les navires ne sont pas soumis à l'échouage (1). Il en sera ainsi tant que l'insuffisance de nos débouchés à l'intérieur restera la même, aussi longtemps surtout que notre bassin à flot n'aura pas été fermé et que les steamers, les navires fins, les clippers à grand tonnage ne pourront entrer dans nos ports à pleine charge, comme ils entrent à St.-Nazaire et au Hàvre. Placé entre ces deux grands ports, St.-Malo, quand ses travaux maritimes seront complétés, quand le réseau des chemins de fer qui aboutissent à son port ou le touchent sera en entier ouvert, verra s'étendre en arrière de lui un vaste marché sur lequel il ne peut manquer de reconquérir son ancienne prépondérance.

Nous avons à peine parlé jusqu'à présent de la pêche de la morue, cette pépinière la plus féconde, cette école la plus précieuse de nos marins. Elle n'a pas en France de centre aussi important que les ports

St.-Malo-St.-Serva centre le plus important de la grande pêche.

(1) La situation, sous ce rapport, est loin, nous devons le reconnaître, d'aller en s'améliorant. Les grands navires montrent de plus en plus de répugnance à revenir vers nos rivages. Les risques qu'entraîne l'échouage sont trop sérieux; on demande des primes d'assurance plus élevées, et l'on va même jusqu'à exiger que les marchandises soient, en tout ou en partie, déchargées en rade. Notre commerce lointain n'a pu se soutenir dans une aussi déplorable condition. Ainsi que le fait remarquer avec un si grand à-propos, un travail récent de l'un de nos honorables concitoyens, Saint-Malo qui a fondé la Compagnie des Indes, en est venue à dépendre pour sa propre consommation de sucre et de café, de Nantes et du Hàvre. L'énorme augmentation de notre intercourse avec l'Angleterre a pu faire la richesse des contrées qui nous entourent et contribuer à la nôtre, mais n'a pu compenser pour nous les coups portés à notre grande navigation par l'avènement tardif des chemins de fer à Saint-Malo et l'inachèvement si regrettable de nos travaux maritimes.

de Saint-Malo-Saint-Servan. En 1863 (1), 88 de nos navires, portant 4,369 hommes, sont allés sur les côtes de Terreneuve et de l'Islande se livrer à cette pêche. Des navires légers, dont quelques-uns appartiennent à la colonie de Saint-Pierre-Miquelon, en distribuent les produits en Europe et en Amérique. L'État fait de grands sacrifices pour soutenir cette navigation; il a intérêt à seconder par les voies les plus diverses la prospérité de ceux des ports qui ne craignent pas de s'adonner à cette aventureuse industrie.

Il peut le faire pour nos ports en étendant le rayon de leur action vers l'intérieur. En dépit des circonstances encore peu favorables où nous restons placés, un mouvement marqué se dessine, qui fait affluer vers nous l'excédant des produits agricoles des contrées qui nous entourent. Ces produits nous viennent déjà jusque du Maine et de l'Anjou. Le chemin de fer nous amenait, cette année, des pommes de terre primes, récoltées sur la côte sud de Bretagne, et qui auparavant s'en allaient en Angleterre par le cabotage (2), et Nantes fretait dans nos ports des navires pour le transport de ses blés. Le bas prix du fret, la diminution des risques, la rapidité de la traversée, la promptitude des réalisations compensent et au-delà l'augmentation des frais de transport par chemin de fer. L'Angleterre dont on connait l'énorme déficit annuel, nous ouvre un marché presque indéfini (3). Les ports de Saint-Malo et Granville sont en première ligne pour concourir à cet approvisionnement. Ils y prendront certainement une part croissante, à présent que les sources aux quelles l'Angleterre puisait pour l'assurer deviennent moins abondantes; à mesure que notre agriculture produit davantage et à meilleur marché; à proportion que les communications de l'intérieur avec les ports se perfectionnent; maintenant enfin que la

---

(1) Les chiffres de 1864 et 1865 n'ont pas été publiés, du moins à notre connaissance.

(2) Ce sont des expériences de ce genre qui ont porté spontanément le Conseil général du Morbihan à demander, dans sa dernière session, que le chemin de Lorient à Napoléonville soit continué non sur Saint-Brieuc, comme il est classé, mais sur Saint-Malo.

(3) L'accroissement de la population industrielle et le développement des cultures pastorales augmentent, d'année en année, ce déficit. Un document officiel récent le porte à 28 ou 30 millions d'hectolitres de céréales de toute sorte. D'après le même document, les ports français ont exporté, en 1865, une quantité d'environ 8,000,000 d'hectolitres. L'Angleterre a absorbé à elle seule plus de la moitié de cette exportation. La valeur des denrées alimentaires exportées de France atteint maintenant 800 millions. On voit qu'elle marge reste ouverte aux efforts de notre agriculture, et quel placement elle peut trouver pour ses produits sous l'empire des lois libérales qui nous régissent.

suppression de l'échelle mobile donne à ce commerce la sécurité qui lui faisait défaut.

Les produits animaux qui prennent par nos ports le chemin de l'Angleterre, ne sont pas moins importants que les produits directs du sol. La quantité de beurre exportée, en 1865, s'est élevée à plus de sept millions de kilogrammes, c'est-à-dire à une valeur de 15 à 18 millions.

L'achèvement de nos grands travaux maritimes nous permettra bientôt d'entrer en concurrence avec Nantes et le Hâvre pour l'approvisionnement du pays en denrées exotiques. On peut aisément prévoir qu'avec les avantages de toute sorte qui seront assurés aux négociants pour l'armement et le désarmement de leurs navires sous leurs yeux et avec leurs moyens propres, avec le marché que doit leur ouvrir dans tout l'ouest de la France le réseau des chemins de fer, les vaisseaux de St.-Malo reprendront plus souvent la direction de leurs ports, et nous feront profiter davantage du mouvement de richesse que, depuis un demi-siècle, ils créent en faveur des autres. Commerce géuéral. Approvisiônnement du pays en denrées exotiques.

Les grèves desséchées au fond de nos ports, grèves au milieu desquelles est venue s'asseoir la gare monumentale du chemin de fer, offrent à l'industrie de vastes espaces où elle pourra se développer dans les meilleures conditions. A côté de nos fabriques de cordages, de nos forges, de nos huileries, de nos fours à chaux, de nos galetteries, viendront se grouper des ateliers nouveaux. Déjà l'un des plus grands établissements de machines à vapeur et de construction de navires, songe à se transporter sur les bords de la Rance; il paraît faire dépendre sa résolution définitive de l'adoption du chemin de fer du littoral. Avec un pareil établissement, notre pays obtiendrait un appoint des plus précieux pour l'extension de ses affaires, en même temps que l'Etat verrait se compléter par un outillage, impossible à improviser au moment du besoin, les avantages que lui présente déjà l'embouchure de la Rance comme grande station navale et port de refuge. Enfin, le voisinage de Rennes, ville qui grandit chaque jour, que gagne peu à peu le travail moderne et dont Saint-Malo est comme le port (1), nous permet d'attendre de ce côté encore un concours utile à la renaissance de notre prospérité, juste retour de la richesse que nos ports répandent Etablissements industr, els.

---

(1) Une des compagnies anglaises a voulu le constater sans doute quand elle a donné le nom de Rennes à l'un de ses paquebots.

dans ses murs et autour d'elle par l'exportation de ses produits (1)!

Il ne manque plus à cet ensemble si plein de promesses pour les contrées qui nous entourent comme pour nous mêmes, que l'avènement du chemin de fer de Cherbourg à Brest par le littoral. La question, en elle même et abstraction faite des tracés, se trouve placée aujourd'hui par Dinan lui même exactement dans les mêmes termes qu'il y a vingt-quatre ans : il s'agit toujours d'un chemin de Paris à Brest et à Cherbourg (2). Le seul élément que nous y ayons ajouté, et il semble que Dinan ne devrait pas trop nous en vouloir, est celui d'un embranchement sur Dinan, qui doit, en se prolongeant sur Caulnes et plus tard sur Napoléonville par Loudéac, mettre Dinan ainsi que nous en communication avec le centre et le sud de la Bretagne (3).

Si important déjà au point de vue militaire, un pareil chemin, quand il touchera en passant un centre comme le nôtre, sera fait pour lui donner l'ébranlement le plus fécond. On voit l'effet qu'a produit déjà sur le mouvement de nos ports le seul chemin de Rennes. En dépit du nom qu'il a toujours porté, le chemin de Cherbourg à Brest ne sera plus seulement, au moins dans nos parages, un chemin stratégique à la manière des voies romaines, marchant droit devant soi, s'inquiétant

---

(1) Cet espoir a été déçu. Saint-Malo a trouvé les représentants de Rennes au premier rang de ses adversaires. On trouvera plus loin une discussion calme et rapide des intérêts que Rennes peut avoir dans la question qui s'agite entre Saint-Malo et Dinan.

(2) Rapport de la Commission dinannaise, page 6. Dans ce document, Dinan représente le chemin de Cherbourg à Brest comme devant former, joint au chemin de Paris à Granville, une route nouvelle de Paris à Brest, plus courte que celle actuelle de 80 kilomètres. Ce serait donc, dans l'ensemble, comme dans les projets de 1842 et 1846, un nouveau chemin de Paris à Brest et à Cherbourg.

(3) Qu'on ne s'étonne pas de nous voir mettre en avant l'hypothèse de ce prolongement : il se fera un jour. Sera-ce au profit de la génération actuelle ? Nous craignons le contraire. Et pourtant qui pourrait fixer des bornes à ce que cette génération est destinée à voir s'accomplir encore ? Celui qui écrit ces lignes était déjà entré dans les affaires publiques quand un homme d'Etat illustre ne semblait voir dans les chemins de fer qu'une sorte de nouvelles *Montagnes russes*. Jusqu'en 1842, on pouvait entendre le rapporteur de la grande loi sur les chemins de fer affirmer qu'en Bretagne le relief des routes ne permettrait « jamais » d'y construire de chemins de fer parallèlement à ces routes. Nous sommes à vingt-quatre ans de cette solennelle affirmation, et bien qu'on ne se soit mis à l'œuvre qu'après 1844, malgré une révolution, trois pestes, une disette et plusieurs guerres, notre province est déjà en possession de plus de huit cents kilomètres de ces mêmes chemins, ouverts à la circulation ou en construction ! Que sera-ce donc quand la tyrannie des programmes aura fini de se relâcher, et que, des chemins à 452,000 francs le kilomètre, moyenne jusqu'à présent des dépenses faites pour les chemins de fer français, on sera arrivé pour les lignes secondaires, aux chemins à 50,000 francs comme on les construit en Ecosse et en Amérique ?

peu s'il est dans le sens ou au rebours de la circulation, s'il rencontre sur son passage des déserts ou des pays habités, des populations arriérées et immobiles ou des masses façonnées au progrès. Non, ce sera en même temps un élément de vie pour des populations déjà denses et agglomérées, un véhicule d'échanges pour des pays industrieux, un instrument perfectionné venant opportunément prêter son aide à des pays préparés à s'en servir. Tracé par les landes de Plélan, le chemin de Cherbourg à Brest ne serait plus seulement à notre époque un non sens. Comme les voies romaines que nous citions tout à l'heure, il ne représenterait autre chose que « la souveraineté du but. » Repoussée du terrain de la politique, de la religion et même de la guerre, cette théorie odieuse doit-elle trouver un asile inattendu sur le terrain des chemins de fer?

Dirigée par St.-Malo, la ligne ferrée ouvrira un débouché important à la Bretagne et servira mieux les intérêts des pays pauvres du centre de la province que le tracé même qui toucherait ces pays parallèment à la mer. Elle mettra, de plus, nos ports en relation immédiate et sans rupture de charge avec la Normandie. L'agriculture de toute la région recevra de ce contact ou de ce rapprochement l'impulsion la plus énergique. Ce qui se passe dans la partie restreinte comprise entre la rive gauche de la Rance, Rennes, Vitré, Fougères et Pontorson, peut donner une idée du progrès qui se propagera aux contrées voisines, à l'arrondissement de Dinan plus qu'à tout autre, à mesure que l'Angleterre tirera ses approvisionnements d'une zone plus étendue, à mesure que grandira la position d'intermédiaire prise par Saint-Malo. Quant à l'industrie elle même, qui sait si la réouverture des anciennes relations de notre commerce maritime ne sera pas, pour tout le nord de la Bretagne, le signal du réveil de la fabrique chanvrière et linière, ne ramènera pas les jours où les toiles à voiles de Rennes et de Dinan, les toiles de ménage de Quintin, de Loudéac, d'Uzel et de Moncontour, faisaient avec les tissus de Laval, les coutils de Flers, les cretonnes de Vimoutiers, la principale contre-valeur des galions du Mexique et du Pérou sur les quais de Saint-Malo et de Cadix?

En rapprochant les perspectives, nous trouvons à notre porte même une région entière que l'obstacle de la Rance a tenue séparée de nous.

Le chemin du littoral abaisse enfin cet obstacle. Dépourvue de passages fixes sur six lieues de longueur entre Saint-Malo et Dinan, la

Rance est le principal empêchement au progrès de la contrée qui s'étend au nord d'une ligne tirée de Dinan à Lamballe. Cette contrée a bien pour limites la mer et la Rance, et trouve un peu au sud le chemin de fer de Rennes à Brest; mais la mer n'a pas de véritables ports, la Rance n'a que des escales insuffisantes (1), le chemin de fer conduit les denrées dans une direction où il y a déjà encombrement de denrées similaires. Dinan, il est vrai, est à portée de cette région, mais les produits qui en proviennent ne passent guère par son port que chargés de frais frustratoires. Mise en rapport avec St.-Malo, avec un centre florissant de près de trente mille âmes, toute cette contrée se relèvera rapidement au niveau de celle de la rive droite. Un haut fonctionnaire de l'administration des finances estimait, en 1840, que le fait seul de l'ouverture d'un passage fixe sur la Rance à portée de nos deux villes, amènerait un progrès tel dans les transactions et améliorations de tout genre que l'impôt arriverait à rendre au Trésor en peu d'années 400,000 fr. de plus, représentant un capital de huit millions.

En même temps que par le tracé du littoral le Gouvernement s'assure une ligne stratégique non interrompue; en même temps qu'il ferme le circuit du réseau maritime, il fait disparaître une des dernières lacunes de ses routes de terre. Le projet de Saint-Malo comporte, en effet, un pont-route doublant le pont-railway, et qui doit servir de débouché à la route impériale n° 168, de Quiberon à Saint-Malo. Ce pont supprime aussi, de fait, le passage d'eau de Jouventes, déjà supprimé en principe général (2). La ville naissante de Dinard, sans être reliée directement à nos villes, comme elle l'aurait été par le pont de Bizeux, s'y rattachera soit par Pleurtuit soit par un chemin beaucoup plus court le long de la Rance. Le bourg de Pleurtuit, l'un de nos plus importants chefs-lieux de canton, obtiendra enfin, ainsi que toutes ses communes, une communication permanente avec le chef-lieu et le reste de l'arrondissement.

Nos deux villes ne gagneront pas moins que les cantons d'outre-

---

(1) On embarque près de Plouër les cidres renommés de cette commune; on va pouvoir y embarquer des blés pour l'exportation. Sur le reste de la rive gauche, on est souvent réduit au procédé barbare de jeter les tonneaux à l'eau, de mer haute, et de les conduire à la traîne vers l'autre rive où des charrettes viennent les relever, de mer basse, échoués sur le sable.

(2) Voir dans le journal *La Patrie,* numéro du 5 août 1865, un article relatant une décison prise en principe, pour la suppression du petit nombre de passages d'eau encore existants.

Rance à cette jonction des deux rives. Elles pourront lier des rapports suivis et sûrs avec une région qui les touche de si près et qui, sauf le canton de Pleurtuit, que les rapports administratifs et judiciaires tiennent, coûte que coûte, en rapport avec Saint-Malo, leur est restée presque étrangère. Cette situation ne saurait durer longtemps désormais, et, si le chemin de Cherbourg à Brest n'y mettait pas un terme, il faudrait à tout prix y pourvoir par une autre combinaison. Le croiraiton? la ville de Saint-Brieuc, rapprochée de nous par tant d'intérêts communs, située à moins de dix-huit lieues de distance, n'entretient avec nous que les plus rares relations. Elle était avec nous, en 1842 et 1846, quand nous demandions le chemin de fer de Paris à Brest par le littoral; tout son espoir était alors comme le nôtre dans ce chemin. Par l'effet d'une transaction entre les deux grandes directions en concurrence, celle de l'intérieur de la Bretagne et celle du littoral, cette dernière s'est trouvée adoptée à partir de Saint-Brieuc jusqu'à Brest. La ville de Saint-Brieuc a obtenu ainsi, partiellement du moins, une satisfaction qui nous a été jusqu'à présent, en entier, refusée. L'occasion se présente pour elle de conquérir le complément de ce qu'elle avait si ardemment demandé. Le chemin de Cherbourg à Brest peut la relier à nous, comme le chemin de Paris à Brest l'a reliée à Morlaix. Pour notre part, nous n'avons pas cessé d'aspirer à cette union. L'appui le plus sympathique de Saint-Brieuc est assuré, nous en avons la confiance, à la recherche que nous faisons depuis tant d'années des moyens de nous rattacher directement à lui. Les deux villes n'ont pas moins à gagner l'une que l'autre à ce rapprochement.

Transportons-nous maintenant dans l'hypothèse où, au lieu de suivre sa ligne naturelle, le chemin de fer serait reporté à plusieurs lieues dans l'intérieur des terres pour le faire passer par Dinan.

Faisons ressortir tout d'abord ce qu'il y aurait d'étrange et de blessant pour nous à ce que le chemin de fer vînt passer si près de nos villes sans y avoir une station : d'étrange, car on voit sur la carte de France les voies ferrées s'écarter quelquefois de plusieurs lieues de leur direction rectiligne pour venir desservir des centres de bien moindre importance (1); de blessant, car ce serait montrer bien du dédain

Relations
directes ouvertes
entre
St.-Malo et St.-Brieuc

Hypothèse
du détournement
de la ligne
de
Cherbourg à Brest
par l'intérieur.

---

(1) Morlaix, par exemple, qui se trouve au sommet d'un angle formé par les deux branches du

pour un sol que n'ont jamais foulé sans respect ses ennemis même (1)!

Réduites à une sorte d'impasse, nos villes seraient condamnées à voir reporter à plusieurs lieues d'elles le mouvement de la Bretagne à la Normandie. Le chemin de fer, qui a changé de direction à Dol pour venir à pleins jalons sur six lieues de longueur vers l'embouchure de la Rance, s'arrêterait sur les bords de cette rivière sans la franchir, comme il le peut, c'est aujourd'hui bien établi, et tendrait en vain les bras aux routes qui, sur l'autre rive, ont Saint-Malo pour objectif et pour terme. Aveu d'impuissance que ne commettra pas la seconde moitié du XIXe siècle; lacune qu'il ne laissera pas béante, au moment où le détroit de Menai se courbe sous le *Britannia-bridge,* où le Rhin frémit sous le pont de Kehl, où le viaduc de Montréal profile pendant près de trois kilomètres ses arches gigantesques au dessus des glaces et des rapides du St.-Laurent, où les chûtes du Niagara elles mêmes voient un chemin de fer suspendu sur leurs abîmes! Comment un modeste pont comme celui de la Rance pourrait-il être contesté à côté de tant de merveilles que l'industrie moderne sème partout sous ses pas? Dinan qui en exagère si fort les difficultés et les dépenses, doit se souvenir que l'on traita publiquement de fou l'homme qui osa le premier parler de réunir ses deux collines! Et cependant, quelques années après, le viaduc s'élevait sur ses puissantes assises. Heureuses les villes qui donnent naissance à de pareils insensés, et qui ne les abreuvent pas d'amertume au point de décourager à jamais ceux qui seraient tentés de se rendre leurs émules!

chemin de fer. La direction naturelle du chemin, du Ponthou à Pleyber-Christ, laissait Morlaix à huit kilomètres de distance au nord.

On a tenu à passer à Morlaix, non seulement au prix d'un allongement de six, à sept kilomètres de parcours, mais au prix du gigantesque viaduc qui est devenu nécessaire dans cette direction, et sans que l'on eût même l'espoir de desservir directement le port, placé à 64 mètres au-dessous de ce viaduc. Nous multiplierions facilement ces exemples.

(1) Les deux membres de cette phrase sont absolument inséparables. Or, par une coïncidence que l'on trouvera au moins étonnante, et que nous ne voulons pas chercher à expliquer, il arrive que, dans des documents officiels, à Dinan, à Saint-Brieuc et à Rennes, on a cité le premier membre de phrase seul; laissant ainsi sans explication les deux mots saillants sur lesquels le sens était resté suspendu. Nos adversaires se sont donné ainsi l'avantage bien facile de triompher de ces deux mots. Le commentaire qu'en donne le second membre de la phrase, les justifie assurément aux yeux de quiconque connaît les gloires maritimes de Saint-Malo, le nombre d'hommes illustres qui ont vu le jour sur son rocher, sa grandeur commerciale dans le passé et son importance renaissante dans le présent. Est-ce bien avec de pareils procédés de discussion qu'on espère rétablir la cause de Dinan?

Si les deux rives de la Rance n'étaient pas réunies à portée de Saint-Malo, le mouvement qui entraîne de plus en plus vers la mer et vers nos ports l'excédant des produits du sol serait perdu pour nous, ou bien aurait à subir une aggravation de frais et de délais correspondant à une rupture de charge à Dol et à un allongement de parcours qui, pour les plus rapprochés de nous, atteindrait jusqu'à cinquante kilomètres. Dans ces conditions, le désert se ferait bientôt sur nos quais, à nos portes et sur toutes nos avenues. Les produits de l'intérieur iraient chercher d'autres ports que l'on aurait mis plus à leur portée; les importations suivraient comme toujours le même mouvement. Une pareille détermination équivaudrait donc à un arrêt contre le développement de nos ports, à la ruine ou du moins à la paralysie des établissements que les siècles y ont élevés et que le nôtre complète en ce moment même au prix d'une nouvelle dépense de vingt-cinq millions. Ce serait à croire que le DELENDA SAINT-MALO! rêve si longtemps caressé des ennemis de la France, serait devenu le cri de guerre de nos propres compatriotes! Laissés en dehors de la grande circulation et des communications directes et rapides avec les extrémités de la France, nos ports n'auraient plus d'avenir, et le dépérissement ne serait plus pour eux qu'une question de temps (1).

---

(1) On a cherché encore ici à retourner contre nous ce que nous disons au sujet de l'arrêt que le détournement du chemin de fer de Cherbourg à Brest loin de Saint-Malo prononcerait, par le fait, contre nos ports. Ce serait bien plus, a-t-on dit, prononcer un arrêt contre le développement de Dinan, que de faire passer ce chemin par Saint-Malo. Pour parler ainsi, il faut connaître bien imparfaitement les faits. En premier lieu, Dinan n'a pas les mêmes droits que nous au chemin de fer, ne fût-ce qu'au seul point de vue de la priorité. Ses prétentions datent de 1863, et, dès 1842, Dinan lui-même appuyait énergiquement le projet par Saint-Malo. En second lieu, comment peut-on bien comparer la portée d'un « arrêt contre le développement des ports de Saint-Malo » au tort que pourrait faire au port de Dinan la privation du chemin de fer de Cherbourg à Brest ? Saint-Malo n'a pas seulement sa tradition, son mouvement, ses grands établissements : il a la mer au grand ouverte devant lui. Dinan n'a qu'une rivière, de la navigation la plus pénible même pour les petits navires, et qui déjà n'est plus guère parcourue que par des barques et des chalands. Autant l'avenir est grand d'un côté, autant il est borné de l'autre. Qu'elle comparaison peut-on dès lors instituer entre les deux développements? Dinan ne demeure pas du reste sans compensation : il en a une bien grande dans les deux chemins de Dinan à Saint-Malo et Dinan à Caulnes, qui le mettent au centre du raccordement de deux grandes lignes. Le rapport au Conseil général d'Ille-et-Vilaine semble regarder comme une dérision « les deux tronçons que nous voulons bien lui octroyer. » Dinan, il y a quatre ans, n'était ni si fier ni si exigeant : un seul de « ces tronçons » qu'il appelait « un petit embranchement » faisait parfaitement son affaire. Voir le rapport de M. le Maire de Dinan du 1er février 1862.

« Le Hâvre, Brest, Cherbourg, Saint-Nazaire, Granville, nous a-t-on répondu, sont des impasses et ne s'en plaignent pas. »

Ces villes ont comme nous la mer pour débouché, et le sillage de leurs navires continue en quelque sorte la ligne des rails. Aussi, n'avons-nous bien évidemment entendu parler que des lignes latérales aux ports c'est à dire de celles qui les font communiquer avec les autres ports de la même côte, lignes dont pour nous la section de Dol représente une amorce, et celle de Plancoët formera l'autre.

Nous ne savons pas si les villes que l'on cite se plaignent ou non de ne pas avoir de lignes de ce genre : ce que nous affirmons, c'est que, si leur situation topographique permettait qu'elles en obtinssent, elles ne laisseraient pas passer l'occasion de s'en saisir et d'ajouter aussi puissamment aux éléments de leur fortune. C'est, du reste, ce qui est arrivé pour toutes celles dont on parle : pour le Hâvre qui a en face de lui, sur l'autre rive de la Seine, le chemin de Honfleur à Pont-l'Evêque (1), et sur sa propre rive l'embranchement de Fécamp; pour Cherbourg qui a déjà le chemin de Carentan, et qui va avoir, nous l'espérons bien, celui de Coutances; pour Granville, qui demande et obtiendra, nous le croyons fermement aussi, des chemins sur Coutances et sur Avranches; enfin pour St.-Nazaire qui a déjà par Savenay une communication avec Redon et Vannes, et qui se reliera probablement un jour d'une manière plus directe avec ce dernier port et avec Brest par l'embouchure de la Vilaine.

L'ensemble de ces lignes latérales aux ports n'est autre chose que la grande voie qui doit, autant que la nature le permet et que les besoins le demandent, longer les rivages de la France et réunir dans un double réseau les ports de l'Océan et de la Méditerranée.

Les parties de ce réseau qui touchent Saint-Malo formeront deux des sections du chemin de Cherbourg à Brest. Elles promettent de devenir le principal affluent de nos ports; on peut en juger par les contrées dans lesquelles elles pénètrent ou avec lesquelles elles nous mettent en rapport. En échange de leurs produits naturels ou manufacturés, nous porterons à ces contrées les denrées du dehors; nous chercherons

---

(1) L'embouchure de la Seine, on le sait, a plusieurs lieues de largeur. Un service de bateaux à vapeur est le seul lien possible entre le chemin du Hâvre et celui de Honfleur.

comme autrefois des débouchés pour leur industrie, et nos navires rapporteront celles des matières premières qui leur manquent. La France a fait depuis un demi siècle d'immenses progrès dans l'industrie ; elle en a presque autant à faire dans la voie du commerce maritime. Les villes de fabrique et les ports, prenant leur parti de la situation créée par nos lois nouvelles, et abdiquant des luttes désormais sans prétexte, doivent s'unir dans cette entreprise. Il importe à la richesse, à la puissance même de notre pays de ne pas laisser les pavillons étrangers l'emporter trop souvent sur le nôtre jusque dans nos propres eaux. Le gouvernement de l'Empereur par ses armes et sa diplomatie a préparé une situation nouvelle. On annonce de grands efforts de la part du commerce maritime lui-même. Quant à nos ports, nos ports qui fondèrent autrefois la Compagnie des Indes, ils ne tarderont pas, il faut l'espérer, à être en mesure de prendre à ces efforts une part proportionnée à leurs traditions et à leurs avantages naturels ou acquis.

Parmi ces derniers nous plaçons en première ligne le chemin de fer de Cherbourg à Brest. Nous avons fait ressortir sur quoi se fondent les espérances que nous mettons dans ce chemin. Que pourrait-il jamais apporter au port de Dinan, dont le bassin ne reçoit que de petits navires (1); dont la rivière est tellement insuffisante qu'on met quelquefois jusqu'à quatre jours pour la remonter sur une longueur de six lieues (2); dont les armateurs ont dû reporter toutes leurs affaires à Saint-Malo; dont enfin la station serait placée, suivant le projet adopté par Dinan, à près de 70 mètres au-dessus de l'étiage? C'est donc une grande illusion de Dinan, s'il croit, en nous enlevant le chemin de Cherbourg à Brest, hériter même pour la plus faible partie du mouvement que nous perdrons et de celui que ce chemin devait nous apporter. Dinan, au contraire, ne pourrait que recevoir le funeste contre-coup de nos pertes. L'embranchement de Saint-Malo à Dinan, d'une part, la prospérité accrue de Saint-Malo, de l'autre, feront plus pour la renaissance de Dinan, nous le montrerons bientôt, que ne pourrait jamais faire la possession directe du chemin de Cherbourg à Brest.

Les chemins de fer, quels qu'ils soient, qui convergent vers nos ports,

Question du transit. Dinan n'a rien qui le prépare à tirer parti du cou[rant] qui s'établira.

---

(1) Le tonnage moyen des navires de Dinan est de 47 tonneaux; celui des navires qui le fréquentent de 34 tonneaux; il faudrait remonter à plusieurs années pour trouver sur les registres de la Douane un navire à haute voilure de plus de 80 tonneaux.

(2) Déclaration du sieur Robert, pilote de la Rance, du 7 juin 1865.

sont destinés surtout à y amener des éléments pour nos frets de sortie, si rares en général sur les côtes de la Manche (1) et si précieux pour notre industrie maritime. Outre ce service commun, nous sommes fondés à attendre du chemin de Cherbourg à Brest, combiné avec celui de Paris à Granville, les profits du transit de province à province, et de celui qui s'établira suivant une voie plus courte que la voie actuelle, de Paris vers Brest (2). La situation géographique de Saint-Malo lui donne à ce transit d'incontestables droits. C'est le premier point auquel cette grande ligne touchera l'Océan; il n'est pas possible qu'elle n'y déverse et n'y emprunte pas une part de son trafic. N'en fût-il pas ainsi, il y aurait encore pour le bien de nos affaires un immense avantage à ce que nous nous trouvions placés sur la ligne qui portera la malle d'Amérique, et qui sera nécessairement desservie par les trains les plus rapides (3).

Quand une ville a depuis des siècles des traditions commerciales, des relations sur tous les points du globe, des capitaux importants, des maisons préparées de longue main à tous les genres d'affaires, des ports vastes et sûrs, des communications faciles dans toutes les directions à l'intérieur, le transit n'a pas pour elle « le seul avantage de procurer aux oisifs le plaisir de compter les waggons et les voyageurs (4); » une telle ville sait dériver une partie du courant qui passe sous ses murs; elle y puise des éléments journaliers de spéculation et de fortune. La France dispute avec ardeur à l'Allemagne le transit de l'Europe du nord-ouest à la Méditerranée : est-ce bien au profit seul des oisifs de Paris et de Vienne que toutes deux ont fait et font encore tant de sacri-

---

(1) Les navires qui sortent sur lest des ports de Saint-Malo et du Havre représentent pour 57 p. % dans le tonnage de sortie.

(2) Dinan demande avec nous depuis vingt-cinq ans l'étude d'un chemin de fer de Paris à Brest suivant la ligne la plus courte, c'est-à-dire par la Basse-Normandie et le littoral de la Manche. L'avenir de cette nouvelle ligne est lié aux destinées du port de commerce de Brest. Un écrivain qui a fait une étude approfondie de ces destinées, M. Leroy de Kéraniou, donne à la ligne de Brest à Paris, prolongée par Strasbourg et Vienne à travers l'Allemagne et la Russie méridionale jusqu'à Odessa, le nom bien justement mérité de « Grande voie du transit universel de l'Ancien monde au Nouveau. » Voir à la fin de ce mémoire le paragraphe que nous consacrons spécialement à cette partie de la question.

(3) Dans certaines circonstances, le train qui porte la malle des Indes a fait de Marseille à Calais, y compris les temps d'arrêt, jusqu'à 73 kilomètres par heure. En Angleterre, la moyenne des trains-express est de 60 kilomètres, et va jusqu'à 70 pour les trains-postes.

(4) Lettre de M. le Maire de Dinan, sans date, publiée le 19 février 1865.

fices pour conquérir ou conserver ce grand mouvement commercial (1) ? Reportons-nous aux luttes des grands ports pour obtenir l'attache des paquebots transatlantiques : Brest, Saint-Nazaire, Bordeaux, le Hâvre et Marseille se disputent le débouché vers l'Amérique. La vivacité de pareilles luttes s'explique mieux, nous le croyons du moins, par la conscience générale et profonde des avantages du transit que par le désir d'assurer aux oisifs la plus futile des distractions.

Veillons donc pour notre part et veillons avec une sollicitude toujours active à la conservation de nos avantages. Les ambitions sont partout éveillées, et les positions prises par d'autres sont difficiles à reconquérir. On voit ce que nous avons à souffrir, dans cette grande affaire qui nous occupe, pour nous être laissés devancer par Dinan. Une fois déjà l'ère de la décadence s'est ouverte pour Saint-Malo : c'est quand la France perdit le Canada, ces quelques arpents de neige de Mme de Pompadour (2); quand des guerres imprudentes et mal conduites étendirent jusqu'à nous leurs désastres et laissèrent l'Angleterre maîtresse de la mer. La stagnation des affaires maritimes de 1792 à 1815 porta le dernier coup à nos ports. Quand revint la paix, les triomphes de nos corsaires nous avaient enrichis, mais nous avaient en même temps éloignés des voies prudentes et régulières du commerce. Avec les convulsions et l'épuisement de l'Espagne et de ses colonies se tarissait la source principale de nos anciennes prospérités; du même coup se consommait la ruine de l'industrie du nord de la Bretagne, dont Saint-Malo avait été si longtemps le principal commanditaire. Cependant, toute une révolution s'accomplissait dans la navigation : le port de marée de Saint-Malo ne pouvait plus recevoir les navires des nouveaux types. Le

Leçons
de l'expérienc[e]
Avenir nouve[au]
qui s'ouvre
devant Saint-M[alo]

---

(1) Outre les énormes dépenses du chemin de fer de Vienne à Trieste à travers les montagnes de la Styrie et de l'Illyrie, l'Autriche a accordé à la compagnie du Lloyd une garantie d'intérêt de 4 p. %, à laquelle Trieste a ajouté 2 p. %. En France, pendant 13 ans, l'Etat a supporté, pour soutenir le service des paquebots de la Méditerranée, une perte totale de 37,237,894 fr. Depuis 1852, il paye aux Messageries impériales, qui ont pris de ses mains ce service, une subvention annuelle de 5,000,000 fr. Cette subvention à été récemment portée à 9,000,000 fr. pour comprendre le service de l'Indo-Chine. (*Revue contemporaine*, mai 1865). Le transit des marchandises par la France, qui n'était en moyenne que de 194 millions pour la période décennale 1836-1847, a atteint, en 1864, 923 millions. (*Revue des Deux-Mondes*, janvier 1866, page 32).

(2) Voltaire ne faisait que répéter le mot de la courtisane couronnée, quand il parlait avec le même dédain affecté des « cent mille arpents de neige du Canada. » Ces solitudes que Saint Malo avait découvertes et commencé à peupler, sont aujourd'hui le plus beau fleuron de la couronne coloniale de l'Angleterre.

système protecteur nous fermait les marchés au dehors, et les marchés de l'intérieur, ouverts l'un après l'autre par les chemins de fer à nos concurrents, nous restaient obstinément interdits.

Mais voici que viennent pour nos ports des temps meilleurs. Nos établissements maritimes se complètent enfin. Devenue notre alliée et pacifique rivale, l'Angleterre rejette comme un vêtement usé son acte de navigation et abolit ses lois sur les céréales. Par contre, nous supprimons l'échelle mobile, et nous abaissons la barrière de nos douanes. Le *Droit à la mer*, telle devient l'ambition, tel est le but des efforts des nations méditerranées. Partout les chemins de fer, dans leurs grandes directions, semblent chercher les rivages, « allongeant leurs rails jusqu'à ce que l'eau salée vienne pour ainsi dire les rouiller (1). » Ce mouvement irrésistible, témoignage éclatant du besoin nouveau qui s'empare de tous les peuples, s'accélère à mesure que la loi des aptitudes nationales et celle des climats se substituent davantage à l'arbitraire officiel dans les phénomènes de la production, à mesure que la tendance au bon marché combat plus victorieusement les renchérissements artificiels.

Dans cette révolution bienfaisante, le rôle des ports est le complément de celui des chemins de fer : ils sont, avec les vaisseaux qui prolongent leur action, les organes extérieurs, les membres du grand corps dont les voies ferrées sont les artères et les chemins ordinaires les veines. Leurs progrès sont intimement liés au développement de la vie et de la richesse des contrées qui s'étendent en arrière d'eux. Ils apportent à ces contrées des matières premières qui y sont élaborées et les éléments nécessaires à l'entretien de la vie; ils remportent en échange, au grand avantage de la santé, de la force et de la richesse de ces mêmes contrées, les trop pleins qui se produisent. Les jalousies, les rivalités des villes de l'intérieur envers les ports sont donc, à nos yeux, un monstrueux non-sens, et rappellent trop exactement, quoique en sens inverse, l'apologue célèbre de Menenius !

<table>
<tr><td>Intérêts invoqués
contre le tracé
du littoral.</td><td>Nulle part peut-être les considérations que nous venons de rappeler n'ont une application plus rapprochée qu'à la situation des ports de Saint-Malo et Saint-Servan, mise en regard de celle des contrées</td></tr>
</table>

(2) **M. Leroy de Kéraniou.**

qui les touchent et dont ils tendent de plus en plus à devenir le débouché.

S'il en est ainsi, quel est donc l'intérêt dominant, inaperçu de Dinan lui-même jusqu'èn 1863, qui pourrait maintenant entraîner loin de la mer, loin de son élément propre, le chemin de Cherbourg à Brest? Quand on vient tout-à-coup tenter de renverser un édifice que l'on a contribué soi-même à élever (1), on doit au pays, on doit au Gouvernement d'être armé, du moins, d'arguments bien puissants et bien nouveaux. Il faut qu'il se soit produit, dans l'intervalle, quelqu'un de ces brusques changements qui rompent les anciens équilibres, ruinent les vieilles traditions, bouleversent les combinaisons antérieures. Notre époque, dont la surface est « si ondoyante et diverse, » a été témoin de bien des révolutions de ce genre. Ce n'est pas trop de perturbations pareilles pour justifier une entreprise qui tend à imposer à deux villes voisines et amies un irréparable sacrifice !

Cet intérêt que nous avons vainement cherché, serait-ce l'intérêt maritime? Il est en contradiction évidente avec le tracé de l'intérieur. — L'intérêt stratégique? il se confond avec celui de la frontière. — L'intérêt agricole? Nos ports écoulent tout l'excédant des produits du sol. — L'intérêt industriel? C'est par Saint-Malo que pénètre à l'intérieur le charbon, ce pain quotidien de l'industrie moderne; c'est le débouché de Saint-Malo qui a fait prospérer pendant plus d'un siècle la fabrication de Dinan. — L'intérêt commercial? la masse des affaires, loin de déserter Saint-Malo pour se porter à Dinan, n'a pas cessé de suivre une marche inverse. — L'intérêt des populations? elles sont aussi agglomérées sur le littoral qu'elles sont rares à l'intérieur. — L'intérêt de l'économie? elle est de plusieurs millions en notre faveur. — L'intérêt du parcours? il est également à notre avantage. — L'intérêt du Trésor? les sacrifices à faire par l'Etat diminueront en proportion de l'augmentation du revenu et de la diminution des dépenses qu'assurent le tracé du littoral. — Serait-ce enfin l'intérêt de Dinan lui-même? non, nous espérons le démontrer; mais fût-il vrai que Dinan dût tirer du tracé de l'intérieur un avantage plus grand que du tracé du littoral, cette ville ne peut avoir la pensée de peser à ce point dans la balance,

Intérêts généraux

---

(1) **Voir les agissements de 1842 et 1846, rapportés dans les notes 2 et 4 aux annexes de ce mémoire.**

qu'on lui sacrifie tous les autres intérêts engagés dans cette grande affaire.

A défaut de leur poids propre, les intérêts bien ou mal compris de Dinan reçoivent-ils, du moins, du concours inattendu de ceux de Rennes et de Dol une valeur qui les rende prépondérants?

Il ne nous est pas possible, quoique nous en ayons, d'éviter l'examen de cette question, qui fait entrer dans le débat deux villes de notre département même, deux villes dont nous connaissons mal peut-être les véritables sentiments. Elles n'ont apporté, en effet, aucun contingent aux enquêtes, et l'opinion exprimée par quelques-uns de leurs plus honorables citoyens dans les séances de la Commission n'a pas eu pour appui, que nous sachions, de mandat spécial des populations et de leurs conseils. Nous ferons cet examen sans passion comme sans faiblesse, dans la mesure de nos connaissances et de nos forces. Mais il importe que nous cherchions auparavant à nous rendre compte des besoins véritables de Dinan lui-même. Quoique étranger à cette ville, notre droit à faire cette recherche est d'autant plus légitime que la répudiation du passé qui l'a si longtemps unie à Saint-Malo est loin d'avoir été unanime et surtout irrévocable.

Dinan est une ville de huit mille habitants, maintenant sans industrie et qui n'a d'autre commerce que celui des produits du sol.

Dans toute l'année 1865, il n'est entré dans son port que 55 tonneaux de marchandises venant directement de l'étranger; 3,000 tonneaux de marchandises, bois de construction, céréales, fruits à cidre etc. sont venus y chercher un embarquement soit pour des ports français, soit pour des ports étrangers. C'est là un bien faible mouvement, et qui tend encore à se réduire depuis l'ouverture du port de Plouër aux exportations directes sur l'étranger. Dinan semble lui-même attacher peu de prix à son industrie maritime : ayant à choisir pour le chemin de fer entre un tracé qui desservait la ville seule, et un autre qui desservait directement le port et moins directement la ville, il s'est prononcé pour le premier.

Nos ingénieurs ont repris cette question et cherché dans le raccordement du chemin de Saint-Malo à Dinan avec celui de Dinan à Caulnes la conciliation des intérêts opposés de la ville et du port.

Il n'existe plus à Dinan qu'une seule grande maison d'armements, et cette maison fait toutes ses opérations à Saint-Malo. On a vu plus haut que Dinan ne possédait plus que trente petits navires ou bateaux d'un tonnage moyen de 47 tonneaux.

Le Canal d'Ille-et-Rance entretient une assez grande activité dans le port. Le transit des matières lourdes et encombrantes, de Rennes à Saint-Malo et réciproquement, se faisait, il y a deux ans encore, exclusivement par cette voie. Le chemin de fer de Rennes à Saint-Malo en a detourné une partie.

Les marchés qui se tiennent une fois par semaine, ont gardé de l'importance, mais n'alimentent à Dinan même que le petit commerce de consommation. Nous croyons un grand avenir réservé à ces marchés, quand ils seront mis en communication avec les services des paquebots anglais par le chemin de fer de Dinan à Saint-Malo (1).

La population de Dinan est depuis longtemps stationnaire : 7,700 en 1825 ; 8,050 en 1861. L'*Exposé de la situation générale de Dinan* (2), auquel nous empruntons ces chiffres, constatait, en 1862, dans les termes suivants l'anéantissement de la fabrication des toiles, qui ne comptait plus que 80 ouvriers (3) :

« Le département des Côtes-du-Nord est celui où l'on cultive la plus grande quantité de lin et l'un de ceux qui produisent le plus de chanvre. La matière première s'y trouve donc dans des conditions avantageuses, et les débouchés y sont aussi faciles que pour les villes de Landerneau, d'Angers, d'Amiens et autres lieux du nord qui ont conquis par l'importance de leurs établissements un monopole dont autrefois Dinan avait sa large part. En attendant qu'une manufacture de premier ordre

---

(1) Dans une excellente brochure publiée en 1863, MM. de Pontbriand, de Péan et Charles Lecoq ont proposé les premiers l'ouverture d'un chemin de fer de Saint-Malo à Caulnès. Nous ne connaissions pas leur travail lors de la première édition du présent mémoire. Nous ne pouvons qu'en recommander la lecture aux personnes qui voudraient connaître à fond cette question que nous avons seulement effleurée.

(2) Cet exposé est l'œuvre de l'administration municipale actuelle de Dinan, qui le publia pour inaugurer son entrée en fonctions.

(3) Jusqu'en 1830, cette industrie comptait près de 1,000 ouvriers. Dinan avait encore à cette époque quatre grandes manufactures de toiles à voiles, travaillant pour l'Etat et le commerce. Vers 1780, époque de la publication du grand dictionnaire d'Ogée, on estimait à deux millions de livres, au moins trois millions de notre monnaie, les fils et toiles vendus à Dinan pendant la seule foire du premier dimanche de Carême. La fabrication des toiles, très-ancienne dans le pays, s'y était développée et perfectionnée, à partir de 1568, à la suite de l'émigration dans le nord de la Bretagne d'un grand nombre de familles flamandes chassées de leur pays par les persécutions et les cruautés des espagnols. — Il n'y a plus à Dinan qu'une seule petite filature.

s'établisse dans notre ville, les ouvriers souffrent et quelques-uns abandonnent un sol devenu ingrat pour eux. Malheureusement, l'absence de gisements houillers ou métallurgiques nous interdit l'espoir de voir les industries minérales prendre pied dans notre pays, et nous devons retourner nos efforts vers le commerce et l'agriculture dont le développement et le perfectionnement pourraient ramener la prospépérité. »

La situation est ici suffisamment accusée et peut être bien comprise. Oui, l'agriculture, perfectionnée de manière à donner des excédants de plus en plus élevés, le commerce s'emparant de ces excédants à défaut d'autres produits, telles sont les sources auxquelles Dinan doit demander sa richesse principale dans l'avenir. Dinan qui a vu dépérir son industrie, peut être sauvé par l'agriculture ! Ses foires et marchés sont restés l'un des rendez-vous des éleveurs bretons et des acheteurs normands; nos ports y puisent des approvisionnements croissants de viande abattue et sur pied. Comme tête d'une contrée essentiellement agricole, Dinan peut faire affluer dans ses murs comme à une première étape les denrées provenant des arrondissements du sud. Ce rôle fructueux d'intermédiaire, une maison importante le remplit déjà; d'autres pourront suivre la même voie, et assureront à Dinan les profits de la spéculation et des commissions en grand à côté des minces profits du commerce de détail. Rendre plus faciles, plus promptes, plus économiques ses relations avec Saint-Malo où aboutit et se concentre presque tout le mouvement d'exportation, tel paraît devoir être le but des efforts de Dinan.

La nature semble en avoir tracé la loi en caractères ineffaçables dans le sol même. La ville est assise au sommet d'un promontoire escarpé, « entouré de terrains tourmentés et de vallées profondes (1), » et qui s'élève à 80 mètres au-dessus de la mer. Du côté de l'est, il a fallu un viaduc pour rattacher ce promontoire au coteau opposé; du côté de l'ouest, la route de Lamballe est tracée jusqu'aux dépressions de Jugon sur le faîte mouvementé qui sépare la partie haute du bassin de la Rance de celui de l'Arguenon. Au nord seul, on ne rencontre aucun grand accident de terrain. C'est aussi dans ce même sens que coule la rivière.

---

(1) **Rapport de la Commission du chemin de fer, page 2. Dinan, sans date; probablement fin de 1864.**

Cette disposition des lieux a, dès longtemps, décidé des destinées de Dinan. Aucune autre ville que celles de Saint-Malo et Saint-Servan n'est à sa portée; d'aucun autre côté il ne trouvait à écouler les produits directs de son sol; quant à ceux de son industrie, c'est aussi par Saint-Malo qu'ils s'échangeaient avec l'argent ou les marchandises du dehors. L'ouverture du canal d'Ille-et-Rance et celle toute récente encore du chemin de fer de Paris à Brest ont pu faire dériver vers le sud une partie du courant; le flot n'en continue pas moins sa marche vers le nord. En aucun cas il ne s'établira vers l'est et vers l'ouest, au rebours de la pente qui porte à la mer, à la grande agglomération voisine, au centre des affaires, les hommes et les choses de Dinan.

« Saint-Malo, écrivait l'honorable et savant rapporteur du Comice central de Dinan, M. de la Ville-Thassetz, Saint-Malo est la capitale commerciale de notre littoral, nous devrions dire de notre vaste contrée; mais ce port n'acquerra l'importance qu'on a voulu lui donner par l'établissement de son bassin à flot que quand, par de nombreusés communications du côté du continent, on aura multiplié les arrivages et les approvisionnements (1). »

C'était toucher d'un doigt assuré la condition presque unique désormais du développement de Saint-Malo et de la richesse des contrées qui l'entourent. L'avènement des chemins de fer permet de réaliser le vœu que Dinan formait alors avec une conscience si ferme, avec un sentiment si juste des besoins de notre beau pays, vu de haut et dans son ensemble. Le chemin de Saint-Malo à Caulnes, prolongé comme il le sera un jour vers Loudéac et Napoléonville (voir la note 2 page 30 de ce mémoire), peut devenir l'une des plus importantes de ces communications demandées pour Saint-Malo par Dinan en 1842. Ce sont les intérêts de Dinan plus encore que les nôtres qu'il servira : il s'agit, en effet, de la fortune de nos voisins, tandis qu'il n'y va pour nous que de l'agrandissement de notre rôle. Par l'effet de ce chemin, la voie fluviale se trouvera doublée d'une voie ferrée suppléant à son irrémédiable insuffisance, et qui maintiendra dans la ville de Dinan même une part du mouvement qui descend vers le port. Dinan sera ainsi affranchi des plus graves inconvénients de sa position topographique, et n'aura plus,

---

(1) **Travaux de 1842, page 48. Depuis cette époque le mouvement du port de Saint-Malo a doublé. Que sera-ce quand le bassin à flot sera fermé et le réseau de nos chemins de fer complété.**

comme tant d'autres villes du moyen-âge, que délaissent sur leurs hauteurs les courants de la circulation moderne, à chercher son salut en se portant dans sa vallée.

Nous avons peine à comprendre comment ces considérations ont cessé de frapper les hommes éclairés de Dinan, comment on a pu tenter, par suite, d'établir une scission entre deux villes que la nature et la tradition unissaient à tant de titres. Que Dinan, au lieu de se rattacher dé plus en plus à Saint-Malo, comme il le voulait si résolument autrefois, réusisse dans ses nouvelles visées : qu'y gagnerait-il ? D'avoir quelques kilomètres de moins à faire pour communiquer avec Saint-Brieuc, et de diminuer le temps nécessaire pour se rendre dans deux chefs-lieux de canton qui ne font avec lui aucune affaire (1), qui sont et qui resteront dans le rayon d'influence de Saint-Brieuc et de Saint-Malo. Par contre, qu'y perdrait-il ? De s'éloigner de Saint-Malo vers lequel il aurait à parcourir une distance double de celle actuelle, et de rester sans relations rapides avec ses riches cantons du littoral, qu'il verrait de plus en plus se détacher de lui.

Dinan pourrait-il bien hésiter entre les deux hypothèses ?

Nous ne croyons pas qu'il le fasse quand il aura sous les yeux la question dans son ensemble, quand la réflexion lui aura fait apercevoir le vide et les impossibilités de tout genre de la combinaison que l'on avait fait miroiter à ses yeux, quand il verra la part magnifique, la part vraiment royale que le réseau des chemins de fer de notre pays, tel que le comprend Saint-Malo, fait à son arrondissement et à lui même (2). C'est seulement à l'aide d'un pareil réseau qu'il parviendra à enrayer les souffrances dont il se plaint. S'isoler de Saint-Malo, chercher non seulement en dehors de lui mais contre lui des éléments de restauration de sa fortune, c'est pour Dinan, telle est du moins notre conviction profonde, aller à contre-sens de ses véritables intérêts.

« Le tracé de Dinan à Lamballe, écrivait avant nous l'un des hommes les plus considérables de Dinan, loin de donner une vie nouvelle à la cité, serait comme le coup de grâce, et anéantirait à peu près complètement son commerce. »

---

(1) Nous ne comptons pas, bien entendu, le transit des bestiaux par Lamballe, Dinan et Dol comme affaires propres de Dinan; Dinan lui-même n'apporte presque rien à ce mouvement.

(2) L'arrondissement de Dinan compterait à lui seul plus de cent kilomètres de chemins de fer dans ce réseau.

M. Bazin de Jessey, dans la lettre à laquelle nous empruntons ces paroles, se montre partisan d'un tracé dans la vallée de la haute Rance. Nous le sommes aussi, mais nous croyons que ce tracé n'a d'avenir que comme complément de celui de la Rance maritime. En quels termes M. Bazin de Jessey eût-il caractérisé le tracé de Dol à Dinan, s'il l'eût comparé à son tour, au chemin de Dinan à Saint-Malo, qui a sur le premier l'immense avantage de réduire de 50 kilomètres à moins de 25 la distance par chemin de fer entre les deux villes?

Ce ne sont pas seulement les relations commerciales qui unissent Dinan à St.-Malo : un autre élément de vie lui vient de notre côté. Dinan est une « ville d'agrément. » L'administration municipale actuelle insistait à ce sujet dans son programme. La nature s'est plu à faire de la contrée qui l'entoure un de ses lieux privilégiés. Les bords de la Rance sont renommés à l'égal de ceux des plus grands fleuves. La douceur du climat et la facilité de la vie ont fixé à Dinan depuis un demi siècle toute une colonie anglaise et y amènent de Saint-Malo, à chaque saison, des flots d'étrangers empressés de visiter les sites pittoresques ou historiques qui y abondent. Dans quelles proportions ces deux mouvements seraient-ils augmentés si un chemin de fer mettait Dinan à 40 minutes de Saint-Malo et en contact permanent avec les services des paquebots anglais et tout le réseau des chemins de fer !

Dinan possède dans le vallon de la Fontaine des eaux minérales qui jouissaient naguère d'une réputation méritée. La vogue s'est portée depuis trente ans sur nos bains de mer; elle peut revenir aux eaux, ou plutôt, les unes et les autres ne faisant plus par la voie ferrée qu'un même ensemble, peuvent accroître pour les étrangers l'attrait des rives de la Rance. Passer tour à tour des grandeurs sombres de l'Océan aux riants aspects de « l'Eden dinannais, » c'est ainsi que l'appelait au siècle dernier le vieil Ogée, aurait un charme qui n'a peut-être d'égal dans aucune des villes d'eaux ou de bains les plus célébrées.

La prospérité de Dinan ne consistera jamais, quoiqu'on tente dans cette voie, dans un antagonisme commercial avec Saint-Malo. Elle renaîtra à mesure que la dépendance réciproque des deux villes deviendra plus étroite; elle sortira de l'harmonie créée par le contraste des vocations, ainsi qu'on l'a vu déjà pendant plus d'un siècle, à une époque où Dinan était une ville industrielle et Saint-Malo une grande place de commerce. C'est une loi du monde physique comme du monde moral que les éléments contraires s'attirent et que les semblables se repoussent. Croit-on que seraient nées entre les villes de Saint-Malo et Saint-Servan, même après qu'elles ont été si malheureusement séparées, en 1789, les luttes dont plusieurs générations ont déjà été les victimes, si la nature avait refusé un port à la côte sur laquelle est assis Saint-Servan, en face et à quelques centaines de mètres de Saint-Malo?

On a invoqué au nom de Dinan la justice distributive. Saint-Malo a a un chemin de fer, a-t-on dit, et Dinan n'en a pas. C'est vrai, mais il en aura certainement un; il en aura un beaucoup plus utile pour lui que la ligne de Cherbourg à Brest. Ce serait, en thèse générale, bien mal entendre la justice distributive que de la regarder comme ayant pour condition une répartition égalitaire et en quelque sorte géométrique des lignes sur la surface du territoire. Les courants de la population et de la production, courants auxquels doit se conformer le tracé des chemins de fer, ont de tout autres allures. C'est sur certains centres désignés par leurs avantages naturels ou acquis que doivent se concentrer les réseaux partiels, moins encore pour l'utilité de ces centres que pour la prospérité des villes et des contrées qui les environnent. Saint-Malo, comme grand débouché de tout le pays, est indiqué pour devenir l'un de ces centres.

La ville de Dinan, en s'y rattachant plus étroitement que jamais, profitera de tout ce qui doit faire la fortune de nos ports. Il faut le remarquer, du reste, l'isolement dont elle se plaint et qui doit cesser avec l'adoption du projet de Saint-Malo, n'est pas un fait nouveau. La fatalité de sa position l'a toujours tenu en dehors de la grande circulation (1). Les chemins de fer de Rennes à Brest et de Rennes à Saint-Malo n'ont fait que suivre l'exemple des routes de terre, quand ils ont laissé Dinan en dehors de leurs tracés. Le tort est celui de la nature plus que celui des hommes. On a tout essayé pour venir en aide à Dinan et lui donner les moyens de réagir contre ses conditions propres : création de deux routes impériales dont une aboutit à Dinan et l'autre le traverse; ouverture d'autres voies convergeant vers cette ville; construction du canal d'Ille-et-Rance dont Dinan forme l'une des têtes, transformation en

---

(1) Dans les derniers temps des malles-poste, celle de Brest avait pris à passer par la Basse-Normandie et par Dinan. Le manque de pont sur la Rance aux abords de Saint-Malo, l'empéchait de comprendre cette ville dans son itinéraire.

bassin à flot de son port d'échouage; édification d'un colossal viaduc franchissant la vallée de la Rance; rien n'a suffi pour arrêter Dinan sur la pente qu'il n'a pas cessé de descendre depuis que la grandeur de Saint-Malo lui-même s'est éclipsée. Saint-Malo voit enfin l'horizon se rouvrir devant lui : Dinan veut-il de nouveau partager son avenir? Eh bien! qu'il renonce au rêve du chemin de Cherbourg à Brest; qu'il abdique cette ambition subite d'une voie qui, par elle-même, ne saurait le relever de sa décadence; qu'il revienne à la pensée de 1842, à celle de 1846, à celle qu'il paraît avoir précieusement conservée jusqu'en 1862! Et alors le faisceau si naturel des trois villes de la Rance se reformera; alors nous reprendrons én commun la route des destinées qui nous attendent (1).

Notre lutte contre Dinan s'est compliquée, dans ces derniers temps, de l'intervention des villes de Rennes et de Dol. Rien de plus naturel que de voir cette dernière prendre parti dans la question; quant à la première, cela se conçoit moins bien.

Les divers tracés du chemin de Cherbourg à Brest ne touchent dans le département d'Ille-et-Vilaine que l'arrondissement de Saint-Malo, et, dans cet arrondissement, que la partie nord seulement. Le point des divers tracés le plus rapproché de Rennes en est éloigné de onze lieues. La direction générale du chemin court de l'est à l'ouest. Destiné à réunir deux ports situés dans les mêmes eaux et à couvrir la frontière maritime, ce chemin doit évidemment se développer parallèlement à la mer et non s'enfoncer brusquement dans les terres à partir de Dol. Il semble qu'une violence seule pourrait ramener dans la zone d'influence de Rennes, si étendu qu'on veuille bien en supposer le rayon, une ligne qui lui échappe par toutes les tangentes (2).

Cette violence, il est vrai, a été essayée, mais presque aussi vite abandonnée qu'essayée. Le tracé de Dinan à Caulnes, a été dès les prémiers jours de l'enquête, repoussé par le département des Côtes-du-

Intérêts de Ren[nes]

---

(1) Un honorable écrivain de Dinan, qui a, dans de nombreuses publications, porté ses études sur le passé et le présent de cette ville, apprécie comme nous l'avenir qui lui est réservé. Il termine ainsi une lettre du 8 mars 1865 adressée à un journal du pays : « Dinan a donc le plus grand intérêt à se laisser remorquer pour ainsi dire par Saint-Malo, grande cité maritime qui l'enveloppera dans sa sphère d'activité et l'associera à ses hautes destinées ! »

(2) A partir de Dol, le chemin de Cherbourg à Brest servira aux communications de Rennes avec le Cotentin et une partie de la Basse-Normandie; mais le tracé de Dol vers Pontorson n'est contesté par personne.

7

Nord sur lequel seul il se développe, abandonné par Dinan lui-même. Le génie militaire s'est déjà prononcé contre lui ; l'Amirauté n'aura même pas besoin de le faire. Une tentative ainsi avortée de Dinan peut-elle bien donner à la ville de Rennes un droit permanent d'ingérence dans une question qui, le tracé de Caulnes écarté, ne regarde désormais dans l'Ille-et-Vilaine que l'arrondissement de Saint-Malo ?

On a invoqué, au nom de Rennes, l'avantage que ses relations avec Dinan tireraient du chemin de Caulnes, et celui que l'agriculture obtiendrait du passage de ce chemin à travers les sablonnières de Saint-Juvat. Mettons pour un instant de côté la double donnée fondamentale de la ligne de Cherbourg à Brest, ouvertement méconnue ; ne tenons compte ni des préférences de Dinan, ni de l'avis de la Commission d'enquête des Côtes-du-Nord, ni de celui du Conseil général de ce département, ni de celui de la Chambre de commerce de Saint-Brieuc, qui, tous, ayant à se prononcer entre Caulnes et Lamballe, ont opté pour Lamballe. Ne nous demandons pas si Rennes pourra bien l'emporter non seulement sur notre arrondissement mais sur le département des Côtes-du-Nord tout entier, dans une affaire où il n'a jamais pu être qu'indirectement intéressé. Examinons en eux-mêmes les motifs allégués.

Les rapports entre Rennes et Dinan sont très-restreints. Déduction faite des voyageurs de Dinan vers Paris et le reste de la France, qui ne font que passer, nous ne croyons pas qu'il y ait, en moyennne, un mouvement journalier de plus de dix à douze voyageurs entre les deux villes. Quant aux marchandises, les relevés de la circulation sur la route départementale n° 4, de Rennes à Dinan ne donnent pour la circulation que 83 colliers et un tonnage utile de 45 tonneaux ; c'est la représentation presque unique du mouvement de la production locale et d'échanges très-limités. On n'y voit figurer ni voiture publique parcourant toute la ligne ni service régulier de roulage.

Dans la même direction, le canal d'Ille-et-Rance sert de véhicule à une masse considérable de marchandises, mais on peut reconnaître, à la première inspection des tableaux officiels, qu'il sert surtout aux échanges de Rennes et de Saint-Malo. On voit passer par l'écluse du Châtellier, en 1864, 67,706 tonnes ; il en arrive à Rennes, en tout, y compris ce que le trafic intermédiaire a pu y ajouter et déduction faite de ce qu'il y a pris, 37,875 tonnes ; à la descente, Rennes fait partir 21,473 tonneaux et 32,117 parviennent à Saint-Malo. Pour quelle part le mouvement spécial de Rennes à Dinan figure-t-il dans ces chiffres? les états rendus publics ne permettent pas de le constater; on voit cependant que cette part ne peut pas être considérable.

Aucune voiture publique, nous venons de le dire, ne dessert plus la la route directe de Rennes à Dinan par Bécherel. La route actuelle par Caulnes est plus longue de quatre lieues que la précédente; celle par la vallée de la Rance ajouterait au parcours une lieue de plus, sans compter la fatigue de la montée du port à la ville, épargnée dans les deux autres directions. Toute compensation faite, le voyage, par chemins de fer, de Rennes à Dinan, si l'on suivait la vallée de la Rance, ne serait pas abrégé d'une heure, et le prix en serait un peu plus élevé. L'intérêt de Rennes au tracé de Caulnes, intérêt que nous ne nions pas, mais que nous cherchons à ramener à sa juste expression, a-t-il une valeur telle qu'on doive lui sacrifier les grands intérêts attachés au tracé du littoral? Celui de Dinan est assurément plus notable à tous égards et surtout en considération des communications avec Paris. Mais répétons le : si ce tracé se réalise, comme nous en avons la ferme confiance, Dinan et Rennes le devront non au chemin de Cherbourg à Brest, dont ce tracé ne peut véritablement faire partie, mais à la combinaison de Saint-Malo, au chemin de Saint-Malo à Caulnes. C'est cette combinaison qui, seule, le rend possible, en le faisant servir au raccordement de deux grandes lignes, en lui donnant ainsi un caractère d'intérêt général, et en lui assurant par le prolongement vers la mer un revenu qui en couvre mieux la dépense.

L'appel que fait la ville de Rennes à l'intérêt agricole, favorisé par le passage du chemin de Cherbourg à Brest à travers les sablonnières de Saint-Juvat, se recommande, au premier aspect, par un côté plus sérieux que l'intérêt des relations de Rennes avec Dinan. Mais ce n'est pas au nom de Rennes ni de ses environs que l'on pourrait jamais faire valoir les considérations empruntées à ces sablonnières.

Que trouve-t-on, en effet, quand on va jusqu'au fond même des choses?

On trouve Rennes déjà en rapport avec le bassin de Saint-Juvat par un moyen bien plus convenable, bien plus économique que ne le serait jamais un chemin de fer pour des matières lourdes et à très-bas prix, c'est-à-dire par le canal d'Ille-et-Rance (1). Le centre des carrières est à cinq kilomètres de ce canal; une dépense minime suffirait pour y amener par le lit même de la Rance, redressée et soutenue par quelques ouvrages d'art, un embranchement qui réduirait de moitié le prix de revient du sablon dans le port d'Evran (2).

Il ne faut pas oublier que Rennes possède à ses portes deux bassins de même nature que ceux de Saint-Juvat : l'un, celui de Saint-Grégoire, quoique très près du canal, n'est pas exploité; on se borne à y faire un peu de chaux à l'époque des labours; l'autre, celui de la Chaussairie, commune de Bruz, est relié au chemin de fer de Redon et à la Vilaine par l'embranchement de Lormandière. Les espérances sur lesquelles la

---

(1) « La différence de prix entre les voies navigables et les voies ferrées est souvent de 1 à 8. Il arrive que les chemins de fer demandent 8 centimes pour certains transports qui ne coûtent que 1 centime et même un demi centime sur les canaux. » M. Dalloz, Corps législatif, séance du 14 mars 1866.

(2) Un projet fut présenté, à cet effet, en 1842, par MM. les Ingénieurs d'Ille-et-Vilaine. La dépense parut trop élevée pour les ressources du pays. Une Commission formée à Dinan proposa de ramener la dépense de 756,000 fr. à 130,00 fr., c'est-à-dire à une somme qui représente à peine la dépense nécessaire pour faire un demi kilomètre de chemins de fer. C'était trop encore, paraît-il, car rien n'a été fait depuis vingt-quatre ans. L'œuvre intéresse au même degré les deux départements. Poussée jusque près de Caulnes, la canalisation de la Rance mettrait réellement le sablon à la portée d'une partie des arrondissements de Montfort, Dinan et Loudéac. La zone d'emploi de ce précieux amendement serait plus que doublée par le bas prix du transport par eau jusqu'à Caulnes, où il rencontrerait un système de routes par lequel il se distribuerait vers Collinée, Merdrignac et Mauron. Un canal aurait encore cet avantage sur un chemin de fer, que l'on peut sur toute l'étendue des berges faire des dépôts et des chargements, tandis que l'opération doit se concentrer pour un chemin de fer dans une gare. Elle se complique ainsi d'un transport de la carrière à la gare, beaucoup plus étendu que pour le canal, et qui, en moyenne, pour le chemin de Dinan à Caulnes, la gare de Saint-André des eaux étant donnée, ne serait pas moindre de trois kilomètres. A Lormandière où le bassin est très-resserré, au lieu de s'étendre, comme celui de Saint-Juvat, sur 11 kilomètres de longueur et trois de largeur, cet inconvénient compte à peine.

L'extrait suivant d'un mémoire du 1er mai 1866, qui a pour auteur l'honorable M. E. Dutertre, propriétaire à Dinan, membre du Conseil général pour le canton d'Evran, révèle combien l'opinion de ce pays est, au fond, conforme à la nôtre au sujet de la comparaison des deux systèmes, chemin de fer et canal navigable, proposés successivement pour le desservice des sablonnières de Saint-Juvat :

« Espérons, en outre, qu'en présence d'un travail complet et s'élevant à une somme importante, (Il s'agit d'un vaste projet tendant à prévenir les inondations de la Rance ou du moins à en atténuer les effets), l'Etat consentirait à s'y associer par la création d'écluses et d'un chemin de halage qui rendraient la Rance facilement navigable jusqu'à Saint-Jouan-de-l'Isle. Ce canal aurait pour l'agriculture une importance immense, à cause de la richesse calcaire des sablons gisant dans les communes du Quiou, de St.-Juvat et de Tréfumel. Il sera créé tôt ou tard; déjà l'administration l'a fait étudier. Le projet de chemin de fer *de Dinan à Caulnes* a causé l'ajournement de ces études; elles pourront être continuées. »

construction de cet embranchement avait été fondée, ne se sont pas réalisées : dans tout le cours de l'année dernière, le chèmin n'a transporté que 130 mètres cubes, à peine de quoi amender trois hectares. La vente totale sur la carrière n'a été que de 1,880 mètres, y compris les 130 mètres ci-dessus (1). Le sablon de ce bassin est cependant de première qualité, plus riche même en carbonate de chaux que celui de Saint-Juvat; mais les cultivateurs préfèrent employer la chaux à cause de son efficacité sous un faible volume. Dans toutes les gares on se procure des chaux de la Mayenne. Depuis l'ouverture des chemins de fer de Rennes à St.-Malo et de Rennes à Laval, l'introduction des charbons anglais a fait baisser les prix de ces chaux ; celles de Chalonnes-sur Loire, grâce au bas prix des transports par la Loire, le canal de Nantes à Brest et la Vilaine, se répandent dans le sud du département, et y laissent peu de place à l'emploi des sablons calcaires. Quand au nord, il a l'inépuisable ressource des marnes de mer.

Revenons aux sablonnières de Saint-Juvat. En 1850, une statistique de Dinan évaluait la quantité annuelle exploitée à 5,000 mètres cubes, c'est-à-dire à la quantité nécessaire pour amender 100 à 120 hectares. En 1842, le sablon se payait sur place 12 fr. les 8 mètres cubes, ou 1 fr. 50 le mètre. (Mémoire du Comice de Dinan). Le prix étant resté le même, il est peu probable que la vente se soit beaucoup développée; nous serions probablement au-delà de la vérité en la portant à 10,000 mètres cubes, c'est-à-dire à cinq mille charretées. Supposons le chemin de fer exécuté dans la vallée de la Rance : appliquant le tarif spécial concédé par la Compagnie de l'ouest pour le sablon de Lormandière (2), on trouve que les sablons de Saint-Juvat reviendraient en gare de Rennes, après un parcours de 60 kilomètres, à 247 fr. 50 (3) les 48

(1) Le sablon se paye à Lormandière même, tous frais compris, 1 fr. 25 le mètre cube. On le mesure à l'hectolitre et à la tonne; il faut 7 hectolitres pour faire une tonne. Le mètre cube pèse 1,220 kilos. La chaux grasse coûte en gare de Rennes 1 fr. 625 l'hectolitre ou 16 fr. 25 le mètre cube. A Montauban, la Ce de Lormandière la vend 16 fr. 50. Elle ne pèse que 750 kilos le mètre cube, et son action fertilisante est évaluée au sextuple. Il est vrai que cette action ne dure guère que cinq ans; celle du sablon est évaluée à plus du double.

(2) Ce tarif est de 0 fr. 04 c. par kilomètre et par tonne pour les distances au-dessous de 100 kilomètres; plus un droit d'embranchement de 0 fr. 12 c. par tonne et un droit de timbre et d'enregistrement de 0 fr. 30 c. La Compagnie de Lormandière a établi, ainsi qu'il suit, ses prix de vente par tonne : gare de Rennes, 5 fr.; de Montauban, 3 fr. 15; de Caulnes, 3 fr. 75.

(3) Ce prix, qui peut varier avec l'accroissement ou la diminution de la demande, avec le plus ou

mètres cubes ou 58 tonnes, quantité nécessaire pour l'amendement d'un hectare. Ceux de Lormandière ne reviennent sur le même point qu'à 174 fr., près du tiers en moins.

On voit si Rennes et ses environs ont le moindre intérêt au tracé de Dinan à Caulnes au point de vue de l'exploitation des sablonnières de Saint-Juvat. Il faut remonter jusqu'à Montfort pour que les prix de Lormandière et de St.-Juvat tendent à s'équilibrer : 174 fr. pour 175 fr. 58. A ces prix, qui s'augmenteraient de 120 fr. environ pour transport dans les terres à dix kilomètres seulement de distance, soit 300 fr. de dépense par hectare, il est encore possible d'employer le sablon, mais c'est, à peu près, croyons-nous, la limite extrême; elle ne pourrait être reculée que par un transport par eau de Saint-Juvat à Caulnes.

Les frais de transport ne sont pas, du reste, le seul élément qui tende à resserrer la zone du sablon de Saint-Juvat : les engrais de mer au nord et la constitution minérale de grandes étendues de terre au sud y contribuent aussi. Le mont Saint-Michel fait pénétrer ses marnes jusqu'au delà de Combourg, et, à la porte même de Dinan, on en extrait de grandes quantités dans les hâvres du Châtellier, de Mordreuc et du Bas-Champ. Ces marnes conviennent mieux que le sablon aux terres légères; c'est seulement sur les terres fortes, argileuses, où ils agissent à la fois comme stimulants et comme diviseurs, que les sablons prennent une supériorité marquée. Nous croyons qu'une enquête sérieuse pourrait enfin faire avancer vers une solution cette question importante qui, à défaut de faits précis et de volonté bien arrêtée de faire quelque chose, s'agite un peu dans le vide depuis nombre d'années.

---

le moins de distance de la carrière à la gare de Saint-André des eaux, se décompose ainsi qu'il suit :

Achat de 48 mètres cubes ou 58 tonnes de sablon sur la carrière au prix de 1 fr. 50 par mètre	72 f. 00
Transport de la carrière à la gare, 3 kilomètres au moins en moyenne, à 0 fr. 75 le mètre	36 00
Transport sur les deux chemins de fer, 60 kilomètres à 0 fr. 04 la tonne et le kilomètre	139 20
Enregistrement	0 30
TOTAL ÉGAL.	247 f. 50

Nous avons maintenu le prix d'achat à 12 fr. les 8 mètres cubes; il est certain que ce prix s'élèverait sensiblement avec une exploitation plus étendue, de même que le transport de la carrière à la gare s'accroîtrait à mesure que les carrières les plus rapprochées s'épuiseraient.

On a dit que les intérêts de Rennes ne pouvaient se séparer de ceux du département tout entier. C'est encore plus vrai de Saint-Malo qui est le débouché principal de tout le pays.

Nous ne croyons pas que pour Rennes plus que pour Dinan il puisse y avoir d'opposition durable d'intérêts vis-à-vis de St.-Malo. La création d'une nouvelle voie ferrée de Paris vers Brest, suivant une ligne plus courte et plus naturelle que celle actuelle, menace, il est vrai, de faire naître une occasion de difficultés. Cette création est demandée par Dinan et par nous comme par tout le littoral depuis 1842. Le développement du port de commerce de Brest décidera seul de cette question.

Nous n'insisterons pas longtemps au sujet de Dol. Aussi bien, serions-nous étonné que cette ville dont les intérêts économiques sont encore plus que ceux de Dinan dépendants de la fortune de Saint-Malo, voulût conquérir au prix de la ruine de son chef-lieu l'honneur d'avoir quatre branches de chemin de fer au lieu de trois, ou même le faible avantage d'une communication plus rapide avec Dinan où elle ne porte rien, d'où elle ne tire pas davantage (1). Si Dinan venait à l'emporter dans la lutte qu'il a entreprise contre St.-Malo, Dol serait exposé à n'avoir pas même le profit d'un service de banlieue avec les campagnes qui le touchent de ce côté : en effet, quand Dinan s'est cru sur la voie du succès, il paraît avoir fait bon marché des intérêts de son allié d'un moment. Le projet de Dinan comportait d'abord une station près de Miniac-Morvan, à mi-distance de Dol et de Dinan, sur un point bien choisi et central, où convergent plusieurs routes, au bord même de celle de Rennes à Saint-Malo. Or, Dinan veut maintenant qu'il soit fait une station plus à sa portée, près de Pleudihen, au milieu des terres, « dût-il en résulter la suppression de la station prévue pour le bourg de Miniac-Morvan, dont l'importance ne saurait être comparée (2). »

---

(1) Il n'existe de voiture publique entre Dol et Dinan que celle qui fait le service de la poste et qui ne se soutiendrait pas sans la subvention de cette administration; la moyenne des voyageurs d'une ville à l'autre ne dépasse pas deux ou trois. A la limite des Côtes-du-Nord, la route impériale n° 176, de Caën à Lamballe, n'a qu'une circulation de 51 colliers chargés et de 17 à vide; c'est la plus faible de beaucoup de toutes les routes qui avoisinent Saint-Malo. Quel élément de trafic pourrait donc trouver un chemin de fer dans cette direction, et quel intérêt appréciable peuvent avoir Dinan et Dol à être joints par une voie plus rapide, alors qu'ils profitent si peu de la voie actuelle pour communiquer l'un avec l'autre ?

(2) C'est ainsi que Dinan soutient à outrance ses intérêts locaux. Qu'il demande une station à Pleudihen, c'est bien, mais qu'il le demande au prix même de la suppression de celle de Miniac,

Dol, avons nous dit, est assuré d'avoir trois lignes de fer. Il conservera, quel que soit le tracé du chemin de Cherbourg à Brest, le transit des deux provinces. La part est belle pour une ville de 3,000 âmes. Le tracé du littoral double les trains montants et descendants de Dol à Saint-Malo. N'est-il pas plus avantageux à Dol d'améliorer ainsi ses relations dans le sens où se font ses affaires, que de les rendre plus promptes dans un sens où rien ne l'appelle? La même observation s'applique aux cantons situés en arrière de Dol, ceux de Pleine-Fougères, Antrain, etc.

Le parti qu'a pris Dol entre les trois tracés qui s'ouvraient devant lui, est le dernier auquel nous aurions pu nous attendre. Appuyer avec Rennes la direction sur Caulnes, c'est rendre les conditions de ses relations avec Dinan moins bonnes, puisque cette direction touche au port seulement et laisse la ville à distance et sur sa hauteur; c'est s'éloigner de Saint-Brieuc sans se rapprocher d'aucune autre ville; c'est enfin rendre impossible, à raison de l'allongement du parcours, l'établissement ultérieur, objet de nos vœux comme de ceux de Dinan, d'une nouvelle ligne ferrée de Paris à Brest, exploitée par les trains les plus rapides. Cette dernière considération surtout aurait dû frapper Dol, et le porter à rester attaché à son ancienne alliance avec Dinan, ou plutôt à revenir avec nous. Ne serait-ce pas que Dol a concédé Caulnes à Rennes pour que Rennes lui concède Dinan?

Nous serions d'autant plus surpris que Dol, quand il sera mis en demeure de se prononcer entre nous et Dinan, optât pour Dinan, que c'est aux efforts de Saint-Malo qu'il doit d'avoir déjà un premier chemin de fer, et qu'il devra, nous le croyons, d'en avoir un second. Dol n'était pas sur la ligne naturelle du chemin de fer de Rennes à Saint Malo : il n'a fallu rien moins que la persévérance de cette dernière ville dans les vues d'ensemble si bien exposées, en 1846, dans le rapport fait au Conseil municipal de Saint-Malo par l'honorable M. Bossinot-Ponphily,

---

c'est ce que Dol et Saint-Malo ne pourraient admettre ni dans la forme ni dans le fond. Le bourg de Miniac peut être moins important que celui de Pleudiben, mais le rayon d'influence de la station y serait tout autrement étendu. Il arriverait même qu'une très-notable partie du mouvement des personnes entre nos villes et Dinan se ferait par Miniac. Cette station est éloignée de nous de 16 kilomètres seulement. Par Dol on aurait pour s'y rendre 36 kilomètres avec les inconvénients d'un transbordement. Dans ces conditions des voitures rapides feraient à la ligne de Dol, par la voie de terre, une concurrence victorieuse.

et dans l'appui donné à ces vues par M. de Matty de Latour, Ingénieur en chef du département, pour faire abandonner la pensée des tracés plus directs, moins coûteux et plus rémunérateurs d'Evran ou de Châteauneuf. Il faut bien le remarquer de plus : Dol n'est pas davantage sur la ligne directe du chemin de Cherbourg à Brest. La station de La Boussac une fois acceptée comme point obligé à cause du relief des terrains qui se rapprochent de la côte, c'est par Bonnemain et non par Dol que le chemin devrait être dirigé si Dinan venait à faire prévaloir le principe du tracé par l'intérieur. Disons le, sans vouloir en rien blesser Dol : lorsque, à partir de La Boussac, on infléchit la ligne vers le nord-ouest, ce ne peut pas être sous l'empire d'une attraction exercée par Dol seul. Une pareille déviation ne se justifie que si l'on se propose d'aller à Saint-Malo. Doit-on renoncer à traverser cette ville, alors c'est par Bonnemain que le chemin sera conduit quand les études passeront de l'influence des localités sous celle de l'Etat; quand le Gouvernement, dominant enfin tous les tiraillements qu'il a trop laissés se produire, aura pris résolument en main, comme il avait commencé à le faire, en 1846, la direction du grand projet national de 1842 (1).

La cause de Dol, sainement envisagée, ne peut donc, à aucun titre, se séparer de la nôtre.

La ville de Dinan, on l'a vu, avait pris les devants sur Saint-Malo pour les études du projet de Cherbourg à Brest, tel qu'après l'avoir longtemps appuyé par le littoral, elle tentait de le refaire par l'intérieur. Il en avait été de même pour le département de la Manche. Ces études combinées s'étendirent dans toute la traversée de l'arrondissement de St.-Malo, sur 31,200 mètres de longueur. Dans les premiers temps, on dut croire que le projet était dressé sur l'initiative et sous la direction même du Gouvernement. Il ne venait pas facilement à la pensée de nos populations que « des intéressés, » (c'est ainsi que s'ex-

Enquêtes ouvertes sur le tracé de l'intérieur

---

(1) Nous ne sommes pas au bout des tiraillements dont nous parlons : voilà qu'Antrain, Bâzouges et Combourg veulent avoir aussi leur projet ! Ce projet qui consiste à remonter le Couesnon jusqu'à Bâzouges et à gagner Dinan par les plateaux de Combourg, répudie plus radicalement encore que celui de Dinan la double donnée fondamentale de la ligne. Il s'agit sans doute ici de la direction en faveur de laquelle deux honorables membres ont fait une motion dans la commission d'enquête d'Ille-et-Vilaine, mais sans y insister.

prime le mémoire joint à l'avant-projet de Dinan) fissent faire à leurs frais sur notre propre territoire des études en contradiction avec presque tous les précédents de cette grande affaire (1). Cette croyance, nous devons le dire, ne contribua pas peu à jeter parmi nous du trouble et du découragement dans les esprits.

Il se trouvait qu'à ce moment même les préoccupations les plus graves pesaient sur nos deux villes et contribuaient à fermer les yeux sur le danger de ce qui se passait. Le réveil fut douloureux et se fit attendre, mais l'effort, une fois reconnu nécessaire, fut aussi énergique qu'unanime.

Presque au même moment, Cherbourg et Granville, en présence de dangers analogues, provoquaient les mêmes mesures, et le Gouvernement autorisait leurs études comme les nôtres. Le circuit du chemin de fer par le littoral se trouvait ainsi entièrement rétabli.

Dans l'intervalle, diverses combinaisons avaient été successivement étudiées autour de Dinan : la difficulté était grande, il faut l'avouer, pour arriver dans cette ville comme pour en sortir. On avait cherché d'abord à se faire jour par le sud, puis on avait remonté pas à pas vers le nord. Telle est la puissance de la vérité : elle s'impose quoique l'on fasse. La mer est le véritable élément du chemin de Cherbourg à Brest, le littoral est sa seule place rationnelle : Dinan s'y sentait comme invinciblement attiré (2).

Deux de ces combinaisons seulement furent soumises aux enquêtes; elles sont caractérisées par l'indication de leurs principaux points de passage : *Dol-Dinan-Caulnes* et *Dol-Dinan-Lamballe*. C'est dans cette dernière seule qu'il faut chercher la véritable pensée de l'administration municipale de Dinan; c'est à elle qu'elle a dû s'attacher à partir du moment où elle a abandonné le projet du « petit embranchement » de Dinan à Caulnes, dans lequel, en 1862, elle mettait encore tout son

---

(1) Voir aux annexes les notes 2 et 5. Les ambassadeurs de Louis XIV disaient aux Hollandais : « nous traiterons de vous, chez vous et sans vous. » Ce souvenir rappelé dans une discussion au Corps législatif, le 10 mars dernier, ne serait pas ici sans à-propos. N'est-ce pas ainsi que nous ont traités « les intéressés » qui ont fait les frais des études du tracé de Dinan? N'ont-ils pas agi sans même dénoncer les arrangements pris jusque là en commun entre Dinan et Saint-Malo ?

(2) Voici la série ascendante, du sud au nord, des combinaisons successives de Dinan : 1° Dinan à Caulnes; 2° Dinan à Broons avec variantes; 3° Dinan à Lamballe par Plélan; 4° Dinan à Lamballe par Plancoët. Nous ne parlons pas d'une cinquième combinaison, vivement appuyée par la presse locale, qui faisait aboutir le chemin près de Jugon.

espoir, pour s'égarer à la poursuite du chemin de Cherbourg à Brest (1). La combinaison de Caulnes ne paraît avoir été maintenue que parce qu'elle avait été la première étudiée; parce que l'ardente initiative de Dinan avait déjà groupé de nombreux intérêts, de vives espérances autour d'elle; parce qu'enfin elle servait de transition pour passer à la grande ligne désormais seule convoitée.

Les registres furent ouverts simultanément dans les trois départements, et les membres des commissions qui devaient émettre un avis sur les divers tracés, choisis et désignés par MM. les Préfets. Dans l'Ille-et-Vilaine, les projets des ingénieurs furent déposés à la Préfecture seulement, et c'est au prix d'un voyage de quarante lieues que les habitants de Saint-Malo purent prendre connaissance d'un travail qui devait avoir une influence si décisive sur l'avenir de leur ville et de tout l'arrondissement. « C'est la loi » fut-il répondu. Il n'était que trop vrai, mais Dinan, paraît-il, avait su s'en affranchir : un double des projets était déposé à la Sous-Préfecture et servait de base à l'enquête !

En l'absence de ces documents, l'abstention, dans notre arrondissement, devait être générale : elle le fut, aussi bien pour le tracé du littoral que pour les tracés de Dinan.

Dans cette dernière ville, les déclarations se partagèrent sur les registres d'enquête entre les tracés de Caulnes et de Lamballe. Celui du littoral, quoique non encore étudié, fut réclamé par dix-sept communes des cantons du nord.

Nous ignorons ce qui se passa, durant l'ouverture des registres, dans le département de la Manche. Nous suivons de nos vœux le succès de la lutte engagée par les villes maritimes de ce département contre le tracé de Saint-Lô. Elles défendent les mêmes principes que nous, et nous espérons bien qu'elles triompheront avec nous. La cause de Cherbourg et celle de Granville sont en bonnes mains si nous en jugeons par les mémoires qu'ont publiés les chambres de commerce et les conseils municipaux de ces deux villes. Le projet de la Manche est séparé du nôtre par toute la longueur de la section de Dol à St.-Malo; il forme un travail à part et qui n'a de commun avec le nôtre qu'une

---

(1) L'adhésion dont nous parlons ne s'est ouvertement prononcée que dans le sein de la Commission d'enquête. Le parti pris à ce sujet, disons le, était tellement dans la force des choses que nous l'avions annoncé comme inévitable dès la 1re édition de notre mémoire, page 15.

même donnée générale. Nous ne faisons donc que rester dans les limites d'une tâche spéciale en nous occupant uniquement ici de la partie du chemin de Cherbourg à Brest comprise entre Dol et Lamballe.

La commission d'enquête des Côtes-du-Nord termina son travail, le 22 août 1865. Deux tracés seuls, nous l'avons dit, lui étaient soumis : à la majorité de dix voix contre trois elle se prononça pour le tracé de Lamballe.

Des motifs de divers ordres devaient faire prévoir ce résultat. Bornons-nous aux suivants.

La direction de Caulnes est entièrement en dehors du programme d'un chemin maritime et stratégique. Elle augmente de vingt-trois kilomètres le parcours direct de Dol à Lamballe, c'est-à-dire de près d'un tiers. Le tracé proposé fait sur la carte, en le considérant dans son ensemble, c'est-à-dire entre Pontorson et Lamballe, une figure qui serait difficilement admissible même pour un chemin de second ordre. La faute est peut-être celle du terrain à traverser, mais elle est aussi celle des points de passage imposés. Dans les motifs invoqués en faveur de cette direction, on ne trouve autre chose que des considérations tirées d'intérêts locaux ou tout au plus régionaux. Encore est il vrai de dire que le plus important de ces intérêts, celui du desservice de la ville même de Dinan, n'est que très-imparfaitement satisfait : le projet de Caulnes laisse, en effet, à la charge du mouvement de la ville à la station et de la station à la ville, la descente et la montée que le magnifique viaduc construit, il y a quinze ans à peine, a eu pour but de supprimer pour la masse des transports et des voyageurs (1).

Le port de Dinan lui même profiterait peu de la gare, si elle était construite, comme on le propose, à une cote assez élevée au-dessus de l'étiage pour que les transbordements directs des navires dans les wagons y soient impossibles. Il faut penser aussi que la navigation de la Rance est trop imparfaite pour que le mouvement d'aller et retour qui existe à Saint-Malo entre la France et l'étranger, se porte jamais jusque là au devant du chemin de fer.

Le tracé sur Lamballe donne du moins satisfaction aux intérêts de l'agglomération principale de Dinan. Il rentre dans la direction générale

---

(1) Le projet de Lamballe élève un viaduc plus colossal encore, 65 mètres au lieu de 40 mètres de hauteur, presque sur le même point de la vallée et immédiatement en vue du premier.

du chemin et présente un parcours beaucoup plus abrégé. Cet avantage, il est vrai, est payé par une dépense de moitié plus élevée. A ce sacrifice il faudrait encore ajouter, comme dans l'autre tracé, du reste, celui des intérêts fondamentaux, celui des principes même de la ligne. En effet, la côte demeure exposée sans défense aux attaques soudaines et imprévues, et le réseau maritime reste en lacune. Ajoutons que le revenu propre à cette section serait des plus minimes : Dinan ne fournirait pas la dixième partie du mouvement que Saint-Malo et Saint-Servan peuvent donner à la ligne du littoral. A l'exception des bestiaux achetés par la Normandie, les denrées du pays s'exportent dans une direction perpendiculaire à celle de Dol-Dinan-Lamballe. La première partie du tracé, Dol-Dinan, ne quitte la lisière des marais que pour longer la Rance, double cause de paralysie pour le trafic; la seconde partie traverse un des pays les plus pauvres et les moins habités de la Bretagne. Entre Dol et Lamballe, il n'y a qu'un seul centre de population, celui de Dinan. Prises dans leur ensemble, les deux parties du chemin sont latérales, la première au chemin de Saint-Malo à Rennes, l'autre au chemin de Rennes à Brest. Concevrait-on nulle part, mais surtout dans un pays présentant les conditions que nous venons de rappeler, un chemin séparé seulement par dix kilomètres, en moyenne, sur soixante kilomètres de longueur, de deux portions d'autres lignes, courant presque dans la même direction?

Ne voulant pas rejeter expressément ce tracé, la commission d'enquête a senti, du moins, l'impérieux besoin de le modifier. La variante qu'elle propose équivaut à un nouveau tracé de la partie la plus objectionnable, celle de Dinan à Lamballe. Dans le désir avoué de changer les dispositions du canton de Plancoët, la commission a demandé que l'on franchît l'Arguenon plus au nord que le point primitivement choisi. L'honorable président de la commission, pour préparer l'accomplissement de ce vœu, aurait même fait une reconnaissance des lieux et déterminé près de Plancoët même le point où cette rivière paraît pouvoir être traversée avec le plus d'avantage (1).

---

(1) Lettre insérée dans l'Union Malouine et Dinannaise par un habitant de Plancoët qui raconte cette reconnaissance. La Commission a pensé qu'il ne serait pas impossible de faire cette modification « sans augmenter ni le parcours ni la dépense. » Il paraîtra peut-être difficile de comprendre comment, en suivant les deux côtés d'un triangle dont la hauteur est de près de dix kilomètres, on pourrait conserver le même parcours qu'en suivant la base. L'augmentation ne

Nous devons reconnaître que cette disposition nouvelle constitue une amélioration sérieuse. Elle fait disparaître le trop grand rapprochement de la nouvelle ligne avec l'une, sur deux, des lignes voisines. Elle donne au chemin un pays plus riche et plus peuplé à desservir, ouvre à Dinan une communication précieuse avec le littoral et augmente sensiblement les éléments de trafic. Par contre, la jonction des ports de Saint-Malo et Saint-Brieuc reste à accomplir, et l'ébranlement fécond que cette jonction seule peut donner au progrès de la rive gauche de la Rance, est ajourné encore une fois. La grande ligne du littoral de la France conserve une de ses plus regrettables lacunes, et l'intérêt stratégique ne reçoit qu'une satisfaction insuffisante (1). Le projet du littoral nous paraît donc garder, même vis-à-vis de ce tracé nouveau et bien meilleur, une supériorité marquée.

La commission ne s'est pas bornée à choisir entre les deux directions qui lui étaient soumises : elle a fait avec son rapporteur, M. le Maire de Dinan, une longue excursion sur celle de Saint-Malo (2). Aujourd'hui qu'elle connaît les études de cette direction, elle regrettera certainement de s'être laissé entraîner à des expressions gratuitement blessantes, et que rien n'avait provoquées, comme celles de « projet embryonnaire, chiffres et plans de fantaisie, » qu'elle a adoptées pour caractériser ce projet.

Les seuls « plans » produits étaient ceux du pont de la Rance (1) :

---

semble pas, à première vue, pouvoir être moindre de quatre kilomètres. En ce qui concerne la dépense, comme les terrains à traverser sont plutôt *plus* que *moins* difficiles, l'augmentation doit correspondre à un excédant qui ne peut pas être éloigné de la somme de douze cent mille francs.

(1) En effet, les forces stationnées à St.-Malo auraient toujours une distance très-grande à parcourir pour se rendre à St.-Briac, le point de la côte le plus exposé, celui que l'ennemi, depuis les accroissements de Dinard surtout, aura le plus d'intérêt à occuper. Cette distance à parcourir que nous avons signalée, note 2, page 13, serait de 70 kilomètres au lieu de 19. La différence resterait presque aussi énorme pour Plancoët; seulement, il faut admettre que les troupes de réserve arriveraient de Rennes plus vite et plus facilement à la côte qu'avec le tracé direct de Dinan à Lamballe.

(2) Six pages sur dix sept en tout que contient le procès-verbal imprimé.

(1) On ne prend pas pour un plan, sans doute, l'extrait d'une carte de Bretagne sur lequel nous avions, dans notre première édition, marqué, par des lignes droites, les chemins de fer existants ou projetés, à défaut d'en connaître le tracé; ni même l'extrait sur lequel nous avons, dans notre seconde édition, donné le tracé véritable des chemins existants et indiqué par des lignes droites, raccordées par une seule courbe au passage de Jouventes, la combinaison *à étudier* proposée par St.-Malo et adoptée par Saint-Servan. Il ne s'agissait que de donner les points de passage obligés, et rien ne ressemble moins à une œuvre de « fantaisie. »

dressés par un ingénieur comme M. Mathieu, présentés par un chef d'industrie comme M. Schneider, soumissionnés par un établissement comme le Creuzot, ces plans devaient attendre autre chose qu'un aussi profond dédain.

En ce qui concerne « les chiffres » ils étaient de quatre sortes : ceux prévus pour les dépenses du chemin de fer proprement dit et du pont de la Rance, et ceux prévus pour les longueurs à construire et à parcourir.

Pour les chiffres des longueurs à construire, nous avions, sans études sur le terrain et à la seule inspection de la carte, donné une fois 44, une autre fois 45 kilomètres (1). Le rapport à la commission prend pour base de son calcul des dépenses (page 16), 50 kilomètres de chemin à construire. Il y en a 45 1/2. De quel côté sont les chiffres de fantaisie ?

Pour les chiffres des longueurs à parcourir, M. le Maire de Dinan, dans deux lettres rendues publiques, avait affirmé d'abord et maintenu ensuite que la distance par chemin de fer entre Dol et Lamballe par Saint-Malo serait de 83 kilomètres; dans le rapport de la commission d'enquête, il réduit cette distance à 77. Quant à nous, impérieusement obligé par la nature de notre travail à hasarder dès le premier moment, des appréciations sommaires, nous avions supposé (2) que le parcours entre Saint-Malo et Lamballe par Bizeux serait de douze lieues ou 48 kilomètres; lesquels joints aux 23 kilomètres de St.-Malo à Dol donnaient un parcours total de 71 kilomètres. Il y en a 73 en y comprenant l'allongement par Jouventes. De quel côté sont les chiffres de fantaisie ? (3)

Pour les chiffres des dépenses, nous avions raisonné par analogie, avec le projet de Caulnes, c'est, du reste, exactement ce qu'a fait la commission elle même. Les données de ce projet ne diffèrent pas beaucoup de celles fournies par les études du chemin du littoral (243,000 fr. par kilomètre pour 270,000 fr.), bien que la direction de

---

(1) Voir notre mémoire, 1re édition, 2me tirage, préface, page 4, et 2me édition, page 25.

(2) Voir page 15, ligne 18 de notre 1re édition.

(3) Nous avions, le 25 février 1865, offert le chiffre de 65 kilomètres *comme base de calcul* en comptant, nous le disions expressément, les distances *à vol d'oiseau*. Plus tard, dans notre seconde édition, une étude plus attentive de la carte de l'Etat major nous avait porté à réduire de 71 kilomètres à 68 le parcours de Saint-Malo à Lamballe par Bizeux. Nous croyons encore aujourd'hui que, dans cette direction, ce dernier chiffre n'eût pas été dépassé. Sur la seule distance de la gare de Saint-Malo à la Rance on gagnait 4,200 mètres, et le rebroussement, qui est maintenant de 1,562 mètres, était presque en entier supprimé.

Jouventes ne soit plus comparable à celle de Caulnes et qu'elle rencontre des terrains plus élevés et bien plus accidentés que celle de Bizeux, Ploubalay et Saint-Lormel que nous avions proposée. La commission évalue la dépense de la ligne principale de St.-Malo et de l'embranchement à 27,195,000 fr. Nous avons dit successivement 12,200,000 fr. et 13,000,000 fr. (1) pour le chemin de Saint-Malo à Lamballe. Ajoutant à ce dernier chiffre 2,087,690 fr. pour l'embranchement, on obtient 15,087,690 fr. La dépense prévue par MM. les Ingénieurs, déduction faite du pont-route, est de 16,039,809 fr.; elle est seulement de 15,879,809 fr. avec les propositions du Creuzot. De quel côté sont les chiffres de fantaisie?

Enfin, quand il s'était agi spécialement d'indiquer d'une manière approximative la dépense du pont de Jouventes, en donnant à ce pont une double circulation, route et chemin de fer, *et par conséquent une double largeur,* nous avions avancé le chiffre de 6,000 fr. par mètre courant. La commission l'évalue à 15,000 fr. pour un pont « *destiné exclusivement au service du chemin de fer.* » Or, le Creuzot estime le pont double à 5,185 fr. et MM. les Ingénieurs du département à 5,926 fr. Encore une fois, de quel côté étaient les chiffres de fantaisie?

Mais c'est assez nous occuper de cet incident auquel nous ne nous sommes arrêté que pour montrer à quel point le préjugé peut égarer des hommes honorables et sincères; revenons à la question principale.

Le conseil général des Côtes-du-Nord et la chambre de commerce de Saint-Brieuc, consultés sur les deux tracés de Dinan, ont, comme la commission d'enquête, donné la préférence à celui de Lamballe. Nous avons tout lieu de penser que, quand ces deux hautes assemblées auront à se prononcer, à leur tour, sur le projet du littoral, mis en lumière comme il l'est aujourd'hui sous toutes ses faces, elles n'hésiteront pas à s'y rattacher. La chambre de commerce qui, en 1840, d'accord avec Saint-Malo, appelait de ses vœux une communication directe et permanente entre les deux rives de la Rance, à portée de Saint-Malo, ne fera ainsi que rester fidèle à ses précédents.

La commission d'enquête d'Ille-et-Vilaine, réunie une première fois le 25 juillet, n'a clos son procès-verbal que le 25 décembre. Nous ne nous sentons aucun penchant à revenir sur les incidents qui ont

---

(1) **Mémoire, 2ᵐᵉ édition, page 23, et article du Commerce Breton, du 9 septembre 1865.**

marqué les enquêtes. Les récriminations seraient aujourd'hui sans objet. Grâce à l'impartiale attitude de l'autorité supérieure, le but de Saint-Malo s'est trouvé atteint. Le projet du littoral a pu être, en temps utile, soumis à la considération du Gouvernement, et la question est désormais envisagée sous tous ses aspects.

Au moment de la dernière réunion de la commission, les ingénieurs étaient encore à l'œuvre; nos deux villes, restées dans l'ignorance du terme définitif assigné à leurs études par M. le Ministre des Travaux publics, n'avaient pu presser les opérations de manière à ne pas dépasser ce terme. C'est seulement sur des données encore vagues, opposées à un projet complet dans toutes ses parties, que la commission a pu délibérer. L'arrondissement de Saint-Malo, seul directement intéressé, n'était représenté que par sept membres sur douze. Les voix se sont également partagées : six ont adopté le projet du littoral, six se sont prononcées pour la direction par l'intérieur. Ces dernières choisissant entre les deux directions de *Dinan-Caulnes* et *Dinan-Lamballe*, ont adopté la première.

Les motifs donnés pour cette préférence sont ceux-là même auxquels nous croyons avoir répondu quand nous avons cherché à nous rendre compte des intérêts de la ville de Rennes dans cette question. Nous n'y reviendrons pas. Nous ne répéterons pas non plus ce que nous avons dit pour faire ressortir la sécurité dont jouirait en temps de guerre le pont de la Rance. Arrêtons-nous seulement à l'objection tirée des inconvénients que ce pont pourrait avoir pour la navigation.

Personne ne peut être meilleur juge dans cette question que les conseils municipaux de nos deux villes, où l'on compte de nombreux armateurs et marins, connaissant les besoins de cette navigation toute spéciale et intéressés à la maintenir à l'abri de toute entrave. On en jugera par l'extrait suivant d'une délibération du 15 mars 1865, dans laquelle le conseil municipal de Saint-Malo s'exprimait ainsi :

« Considérant qu'on ne peut méconnaître qu'un avantage très-important, quoique secondaire, résulterait de ce projet *(celui d'un chemin de fer de Saint-Malo à Napoléonville)*, s'il pouvait être effectué de manière à relier entre elles les deux rives de la Rance; mais qu'il faudrait se garder, pour l'obtenir, de compromettre en aucun cas la sécurité de la navigation, que, par conséquent, toute traverse à établir sur la Rance devrait être déterminée en un point tel que la liberté d'accès des grèves, rades, ports et hâvres d'abri et de refuge existants dans cette rivière fût entièrement sauvegardée, de même que la navigation en tout temps et à toute heure entre Saint-Malo et Dinan. »

Quand on voit le même conseil qui poussait si loin la sollicitude pour le maintien, dans toute son intégrité, de la navigation de la Rance, adopter, deux mois à peine après la délibération qui précède, le principe du pont de Jouventes, et, plus tard, le projet général du chemin de fer, dans lequel le niveau du pont est indiqué de la manière la plus précise, on peut se rassurer sur les dispositions proposées à ce sujet par les ingénieurs.

Malgré l'autorité de cet avis, les membres de la commission favorables au projet de Caulnes, regardent comme insuffisante la hauteur de vingt mètres au-dessus des eaux moyennes, donnée aux poutres inférieures du pont; ils craignent de plus, que l'existence de piles dans le lit de la rivière « entrave la navigation des navires à voiles et de grandes dimensions, qui fréquentent cette rivière et auxquels la direction du vent impose des évolutions qu'ils sont obligés dé subir. »

Occupons-nous de la seconde objection, celle relative à l'existence de piles dans le lit de la rivière.

Qui ne voit tout d'abord que jamais on n'aurait établi un seul pont sur un fleuve, si l'on s'était laissé arrêter par de pareilles inquiétudes ? Il n'y a pas d'amélioration qui soit obtenue sans qu'il en résulte quelque gêne qui en atténue les avantages. On va voir que l'inconvénient sera ici à peine sensible.

Au delà de Jouventes, l'état de la Rance ne permet plus aucune grande navigation : de basse mer, la rivière dans beaucoup d'endroits conserve à peine un mètre d'eau. Sur ce point et à ses abords, la rivière est couverte par de hautes terres, et nulle part peut être le vent, si ce n'est celui du sud-est, n'a moins d'action (1). Le chenal longe la rive gauche et occupe près du tiers de la largeur. Une seule pile y sera élevée, laissant à droite et à gauche deux passages de 70 mètres. Les navires ne remontent ou ne descendent qu'avec la marée, et le vent ne leur

---

(1) La rivière paraît, vue de certains points, tellement fermée entre Cancaval et la pointe du Tertre, que, de mer haute, on croirait être sur les eaux d'un lac. Un étranger qui revenait de Suisse et qui rangeaient les hautes terrasses du Montmarin, se croyait revenu aux bords du lac des Quatre-Cantons.

« impose pas d'évolutions ; » s'il est contraire, il faut mouiller ; tout au plus, en cas d'urgence, peut-on *dériver*, c'est-à-dire se mettre sous petite voilure, en travers au vent, et se laisser entraîner contre lui par le courant. Dans un chenal aussi étroit, des barques seules peuvent courir des bords. Un navire se perdrait s'il tentait de louvoyer. Par vent de bout et à contre courant, toute navigation suivie est impossible même pour des barques.

L'espace de 140 mètres que laisseront libre dans le chenal les piles du pont paraît bien suffisant pour que, dans un passage aussi court et qui se présente en droite ligne, par onze mètres d'eau au moins, un navire porté par le courant, et, le plus souvent, secondé par le vent, avance vers le pont et le franchisse sans avoir rien à craindre. S'il y avait ici quelque danger, que serait-ce donc à l'entrée de tant de ports, dont les passes sont sinueuses ou embarrassées d'obstacles, où il y a des môles à doubler, quelquefois en serrant le vent au plus près ? Pour n'en citer que deux, que ne devrait-on pas redouter à l'entrée des jetées de Calais et de Dunkerque, qui s'avancent en mer à près d'un kilomètre, ne laissant entre elles qu'un espace bien moindre que celui de Jouventes ? On ne signale pas qu'il se soit produit d'accident sur le détroit de Menai où, depuis la construction du pont tubulaire, trois énormes tours carrées, dont l'une de 62 pieds anglais sur 52 de base, s'élèvent dans le chenal, et où les bâtiments n'ont pas, comme dans la Rance, la ressource du courant pour franchir les passes formées par ces piles. Quand il nous est arrivé de nous entretenir avec des marins sur les manœuvres à faire pour passer sous le pont de Jouventes, nous les avons vus s'indigner à la seule pensée qu'un des leurs fût assez incapable pour trouver là une difficulté quelconque.

Revenons à la première objection, à celle qui porte sur l'insuffisance de hauteur du pont.

Il importe de rappeler ici pour les personnes qui ne connaissent pas la rivière, que les navires qui vont à Dinan ou qui en reviennent, partent les uns avec le premier flot, les autres aussitôt que se fait sentir le jusant. En raison de la distance à parcourir, on peut tenir qu'ils passent généralement à Jouventes au-dessous de mi-marée. A ce moment ils trouveront de vingt à vingt-quatre mètres de vide sous le pont. De haute mer, selon que l'on sera en vive eau ou en morte eau, ils en auront treize ou quinze ; de basse mer vingt-cinq ou vingt-sept avec onze mètres de fond.

Or un navire de 100 tonneaux de jauge officielle et de 140 tonneaux de port (1), a une hauteur totale de vingt mètres au-dessus de la flottaison, un peu plus ou un peu moins suivant les habitudes du constructeur ou du capitaine; un navire de 150 tonneaux de jauge et de 210 tonneaux de port, a vingt-cinq mètres de hauteur (2). Les mâts de perroquet, dont la manœuvre est si facile et si prompte, surtout pour des navires de cet échantillon qui n'ont presque jamais de cacatoës, ont cinq mètres au moins de longueur utile. Le dépassage de ces mâts réduit donc à quinze et à vingt mètres la hauteur des navires de 100 et 150 tonneaux de jauge. On voit que ces derniers pourraient ainsi passer même à mi-marée.

Nous venons de raisonner dans l'hypothèse de navires de 100 et 150 tonneaux : en fait, il n'en passe pour ainsi dire jamais de cet ordre à Jouventes. D'après les registres de la Douane, il n'en est pas entré un seul de plus de 80 tonneaux depuis trois ans dans le port de Dinan; nous n'avons pas cru nécessaire de porter plus loin nos recherches. Des chalands seuls ont dépassé ce tonnage.

L'établissement du remorqueur à vapeur qui fait remonter à Dinan en trois heures et à moitié prix toute espèce de marchandises, tend à diminuer le nombre des navires qui fréquentent la rivière. La plupart des chartes-parties des navires expédiés pour Dinan autorisent les capitaines à s'arrêter à Saint-Malo. Quand aux navires appartenant à Dinan même, on a vu qu'ils ne sont plus qu'au nombre de 30 et que leur tonnage moyen ne dépasse pas 47 tonneaux.

La distance de vingt mètres entre les eaux moyennes et le tablier inférieur du pont semble donc parfaitement suffisante. Rien n'empêche, du reste, que cette question soit examinée plus à fond qu'il ne nous est possible de l'entreprendre. S'il était reconnu réellement nécessaire d'augmenter la hauteur proposée, on pourrait le faire sans accroître considérablement la dépense. Les deux rives, quoique très-différentes, s'y prêtent presque également. On trouverait même une compensation à cette charge nouvelle dans l'avantage d'améliorer la rampe à l'aide

---

(1) La différence entre la jauge et le port varie beaucoup suivant les formes, la finesse et l'âge du navire. Dans la discussion récente du projet de loi sur la marine marchande, on l'évaluait en moyenne à 40 p. °/₀.

(2) Déclaration de M. Lenormand, constructeur, du 31 janvier 1866.

de laquelle le chemin s'élève sur le plateau de Pleurtuit, et de convertir en palier tout ou partie de la pente du côté de Saint-Servan.

Le tracé du littoral a trouvé l'adhésion la plus empressée dans la contrée d'outre-Rance. Des adresses à l'Empereur portaient de toutes parts, dès le mois de mars 1865, les vœux du pays au pied du trône. En août dernier, une assemblée générale de délégués des communes de trois des cantons de Dinan, ceux de Ploubalay, Plancoët et Matignon, se prononçait unanimement pour ce tracé.

Il en a été ainsi du conseil d'arrondissement de Saint-Malo. Plusieurs membres qui y représentent des cantons intéressés, en apparence, au tracé de l'intérieur, ont donné, en votant pour le littoral, une preuve de leur patriotisme en même temps que de leur intelligence des grands côtés de la question. Les honorables représentants du canton de Châteauneuf dans la commission d'enquête avaient refusé de même d'abaisser aux proportions d'une affaire de clocher un projet que dominent de si grands intérêts généraux; et convaincus, d'ailleurs, que le bien de toute la région est indissolublement uni à la prospérité de nos ports, n'avaient pas voulu se séparer de leurs collègues.

La chambre de commerce de Saint-Malo et les conseils municipaux de nos deux villes ont donné une adhésion unanime au projet présenté par MM. les ingénieurs.

Le conseil général, à la faible majorité de 16 voix contre 14, a émis un vote favorable au tracé de Caulnes. La situation ne permettait pas aux réprésentants de St.-Malo d'accepter la discussion au fond. Un membre prenant la parole en leur nom dit « qu'il demandait que le conseil ajournât l'avis à émettre jusqu'à ce que l'instruction commencée fût achevée. L'étude soumise au conseil, ajoutait-il, ne comporte jusqu'ici que le tracé par Dinan, fait non par le Gouvernement ni par la compagnie de l'Ouest, mais seulement aux frais et sous les inspirations de la ville de Dinan et du département des Côtes-du-Nord. *Il importait cependant que les intérêts du département d'Ille-et-Vilaine fussent entendus dans cette grave question.* Les parties du département particulièrement intéressées à la variante des tracés, se trouvent évidemment dans l'arrondissement de St.-Malo. Or, les villes de St.-Malo et St.-Servan qui représentent le centre commercial et industriel le plus important de ce côté, et même par l'action de leurs ports, le point le plus considérable de la Manche, du Hâvre à Brest, pour les importations et les exportations, ont pris à leur tour l'initiative de l'étude du tracé le plus favorable à leurs intérêts. Cette étude, qui doit être faite à leurs frais, est autorisée par une décision de S. Exc. le ministre des Travaux publics, du 18 juillet dernier; des ingénieurs chargés de ce travail ont pu déjà commencer leurs opérations. La commission chargée d'émettre son avis sur l'enquête d'utilité publique à cette occasion, a ajourné ses délibérations pour que le travail des ingénieurs pût lui être soumis. *Dans cet état, le conseil général ne peut statuer en connaissance de cause sans avoir lui même vu ce travail;* et, attendu qu'il est certain que plusieurs années s'écouleront avant qu'il soit donné suite au projet, il n'y a aucun inconvénient à accorder l'ajournement demandé. »

Sollicité au nom d'intérêts si puissants, l'ajournement semblait encore commandé par la réserve dans laquelle s'était tenue l'administration départementale (1). C'est à elle seule cependant qu'il appartenait, dans une affaire de ce genre, de résumer les débats et de formuler des propositions; si elle ne l'avait pas fait, c'est que le moment n'en était pas encore venu. Il n'existait au dossier aucun document officiel ayant pour but la défense du tracé du littoral. C'est sur une lettre de l'un de nos concitoyens et sur un exemplaire de notre mémoire, remis au moment même (2) à la commission, c'est-à-dire sur deux pièces d'origine purement privée, qu'une cause dans laquelle sont impliqués des intérêts généraux si élevés, d'où dépend l'avenir d'un port comme celui de Saint-Malo, a été jugée. « Ces documents, dit le rapport fait au conseil général, ont semblé, Messieurs, *pouvoir suppléer aux résultats* NON ENCORE ACQUIS *d'une enquête inachevée, à ceux d'une étude du tracé* réclamé avec tant d'insistance, et permettre, par suite, à votre deuxième commission de formuler l'avis qui lui est demandé sur les tracés qui lui sont proposés *et sur celui à l'étude.* » C'était faire bien de l'honneur à notre modeste travail, de même qu'à la lettre de l'honorable M. Robinot! Mais c'était peut-être bien aussi ne pas tenir assez

---

(1) M. le Préfet d'Ille-et-Vilaine, dans son rapport sur les chemins de fer, s'était borné à la simple mention suivante :

» Les conseils municipaux de Saint-Malo et Saint-Servan, ont demandé, dans ces derniers temps, l'étude d'une variante passant par ces villes, mais cette étude n'est pas encore faite, et le tracé qui en est l'objet ne figure pas par conséquent sur les plans soumis à l'enquête. »

(2) Rapport de la commission, page 178 du procès-verbal de la session de 1865.

de compte de formes sagement protectrices, du rôle à remplir par les
conseils municipaux et la chambre de commerce, enfin de l'avis qui
paraissait devoir, avant tout, être attendu de la marine et de la guerre
dans une question dont le caractère principal était déterminé par le
titre même : *chemin* STRATÉGIQUE *de Cherbourg à Brest.*

Les études du projet du littoral sont maintenant achevées, et l'instruction régulière qui se poursuit sera sans doute prochainement terminée. C'est alors seulement que la cause sera en état. Dès maintenant
nous voyons nos deux villes appeler du premier jugement, avec une
confiance restée entière, au conseil général lui même plus informé !

La section du chemin de fer projeté de Cherbourg à Brest, qui s'étend
entre Pontorson et Dol, est commune aux deux directions de St.-Malo
et de Dinan. Le raccordement de cette section avec le chemin de Rennes
à Saint-Malo se fait pour chacune d'elles d'une manière différente : par
le sud de la station de Dol, pour Saint-Malo; par le nord pour Dinan.
La séparation commence au point marqué : 108 kil. 600, sur les profils.
C'est de là que nous allons partir pour comparer les divers projets.
Mais auparavant nous devons expliquer le double parti que nous avons
dû prendre, premièrement, de ne parler que pour mémoire du tracé
de Dinan à Caulnes; secondement, de nous arrêter au seul projet qui
a été adopté par la commission d'enquête des Côtes-du-Nord, dans le
rapprochement auquel nous allons nous livrer.

Le passage par Caulnes du chemin de Cherbourg à Brest semble, dès
le premier aperçu, entièrement inadmissible pour un chemin de fer
maritime et stratégique, pour un chemin qui a la ville de Brest comme
but (1). Le Génie militaire s'en est déjà expliqué, et la Marine ne peut
manquer de se prononcer dans le même sens. Le tracé de Caulnes
augmente de vingt-trois kilomètres le trajet direct. Ajoutons, comme
dernier trait, que le département des Côtes-du-Nord sur lequel seul il
se développe l'a répoussé par tous ses organes légaux.

La variante de Bourseul ou, plus exactement, de Plancoët, demandée

Comparaison
des tracés
du littoral
et de l'intérieur
aux deux points
de vue
du parcours
et
des dépenses

Observations
préliminaires.

---

(1) Le projet de la section de Dinan à Caulnes se ressent encore de l'influence sous laquelle
il a été étudié : on se souvient qu'on voulait faire d'abord un simple embranchement de Dinan
vers Rennes. N'est-ce pas là la cause principale de la direction donnée au raccordement de cette
section avec le chemin de Rennes à Brest, à 764 mètres à l'ouest de Caulnes? Un rebroussement
pareil ne semble s'expliquer ni par les difficultés du terrain ni par l'importance de Caulnes.

par la commission d'enquête des Côtes-du-Nord, est incontestablement préférable au tracé primitif de Dinan à Lamballe par Plélan. Nous n'avons pas hésité à le reconnaître, en quelque danger que nous nous missions d'ébranler les dispositions d'une partie importante du littoral. La commission représente l'opinion du pays, telle qu'elle a pu se former en l'absence d'études sur le tracé de St.-Malo. Il n'est que juste d'ailleurs d'attribuer aux « intéressés » qui ont fait les frais des études de Dinan, et tout spécialement au représentant de cette ville une influence dominante non sur les études qui sont œuvre d'art et de science, mais sur le choix des principaux points de passage. La multiplicité des projets de Dinan a empêché jusqu'à présent tout débat d'aboutir à un résultat définitif; nous nous sentons à l'aise de trouver enfin un terrain solide dans le tracé sur lequel l'administration municipale à fini par porter et faire triompher ses préférences. Tout n'est pas terminé cependant même pour ce tracé : les études annoncées de la variante en question n'ont pas encore eu lieu. Nous serons obligé d'y suppléer, quelle que soit notre répugnance, par de simples appréciations. Heureusement, le champ est, cette fois très-limité, et les erreurs commises, s'il en existe, ne peuvent avoir qu'une faible influence sur les solutions cherchées.

Le tracé de Caulnes se détache du chemin de Rennes à Saint-Malo à 625 mètres au sud de la station de Dol; passe près et au sud de Roz-Landrieux, au nord de Plerguer, à un kilomètre et demi au nord de Miniac-Morvan, un peu à l'est de Pleudihen, débouche dans la vallée de la Rance à la plaine de Taden, côtoie le port de Dinan, se maintient à partir de Léhon sur la rive gauche de la Rance, passe à l'ouest de Saint-André des eaux, à l'est de Saint-Juvat et de Saint-Maden, et se soude enfin au chemin de Rennes à Brest à 764 mètres au-delà de la station de Caulnes au moyen d'une courbe qui se dirige vers cette station.

Les seuls ouvrages d'art de quelque importance qui se présentent à faire sur ce tracé sont deux petits souterrains et trois ponts sur canal près de Dinan.

La longueur de chemin à construire entre
Dol et Caulnes est de . . . . 51 kil. 025 mètres.
La longueur de chemin à parcourir entre
les mêmes points est de. . . . . 52 kil. 414 mètres.
La longueur de chemin à parcourir entre
Dol et Lamballe est de . . . . 87 kil. 122 mètres.

Les terrassements prévus sont de 1,180,787 mètres cubes, soit pour une longueur à construire de 51 kil. 25 mètres un cube de 23,140 mètres par kilomètre.

La dépense est évaluée à 12,389,300 fr., soit par kilomètre 242,927 fr.

Le projet comporte les stations suivantes : Miniac-Morvan, à 13 kil. de Dol; Dinan, à 12 kil. de Miniac; Saint-André, à 11 kil. de Dinan et à 16 kilomètres de Caulnes.

Le tracé qui précède est commun avec celui de Lamballe sur vingt kil. de longueur à partir de Dol. Ce dernier se détache de l'autre près de Lanvallay pour s'élever vers les plateaux de Dinan. Il franchit la rivière à 300 mètres en aval du viaduc actuel, touche Dinan au nord à l'endroit appelé *Lécuyer;* passe un peu au sud de Quévert, de Vildé et de Plélan le petit; traverse la vallée de l'Arguenon, passe à Plédéliac, touche l'étang de Saint-Rieul, et vient s'embrancher sur la ligne de Brest près du village de Vaux à 3,200 mètres de Lamballe. 2° Dol-Dinan-Lamballe

Deux grands ouvrages d'art sont à construire sur ce tracé : 1° le viaduc de la Rance, élevé à 65 mètres de hauteur au dessus des quais du port de Dinan, sur 380 mètres de longueur; 2° le viaduc de l'Arguenon, élevé à 37 mètres de hauteur sur 115 mètres de longueur.

La longueur à construire entre Dol et Lamballe est de . . . . 60 kil. 600 mètres.

La longueur à parcourir entre les mêmes points est de. . . . . 64 kil. 425 mètres.

Les terrassements à faire sont estimés devoir être de 1,393,800 mètres cubes, soit pour 60 kil. 600 mètres un cube de 23,000 mètres par kilomètre (1).

La dépense est évaluée à 18,262,800 fr., soit par kilomètre 301,356 fr.

Le projet comporte les stations suivantes : Miniac-Morvan, à 13 kil. de Dol; Dinan, à 13 kil. 5 de Miniac; Plélan, à 13 kil. de Dinan; Plédéliac, à 13 kil. 5 de Plélan et à 11 kil. de Lamballe.

---

(1) On trouve dans la Manche les cubes suivants pour le projet de Carentan :
De Carentan au manoir de Courcy 1,187,065 m. c. pour 33 kil.
889 m. 85; soit . . . . 35,027 m. c. par kil.
De Courcy à la limite d'Ille-et-Vilaine, 2,992,641 m. c. pour
73 kil. 142 m. 60; soit; . . . . 40,915 m. c. par kil.
Tracé de Saint-Malo : moyenne des terrassements . - . . . 43,437 m. c. par kil.
Tracé de Caulnes : . . . . 23,140 m. c. par kil.
Tracé de Lamballe . . . . , ... 23,000 m. c. par kil.

* Dol-Dinan-Plancoët-
Lamballe.

Le tracé de la variante demandée par la commission d'enquête des Côtes-du-Nord, est ainsi décrit dans une lettre adressée à un journal de Dinan, à la suite d'une reconnaissance des lieux faite, en septembre dernier, par l'honorable président de la commission : « L'entrée sur le territoire de Bourseul ne serait guère accessible à une voie ferrée, vu les déclivités prononcées qui en défendent les abords. La sortie, en franchissant l'Arguenon, présenterait encore plus d'obstacles, et ne pourrait s'effectuer qu'au moyen de travaux pour le moins aussi gigantesques que ceux qu'a offerts à la commission, paraît-il, le tracé soumis à son examen. — M. de Champagny aurait reconnu qu'il n'existe dans la commune de Bourseul qu'un endroit où puisse être établi un chemin de fer : ce serait dans les prairies situées au bas du tertre de Brandefer, au midi, et arrosées par la petite rivière de Trémeur. — Il lui aurait paru possible que, d'un point pris sur le projet adopté par la commission départementale, la voie fût amenée dans ces prairies, et de là, sur le bord de l'Arguenon qui, coulant dans le voisinage, pourrait être passé à niveau à peu près partout où l'on voudrait entre Plancoët et les moulins de la Goupillère. — Une fois cette rivière franchie, M. de Champagny aurait avisé, à quelques mètres seulement, une suite de prairies et de terrains encaissés qui permettent d'arriver par la commune de Pluduno, par les landes de Pléven et par Landébia, sans travaux d'art, à la forêt de la Hunaudais, puis à Lamballe. Il se propose de demander que des études soient faites sur les terrains qu'il a lui même visités. »

Le programme de la variante demandée est ainsi bien dessiné; on peut le suivre pas à pas sur la carte de l'Etat major. Il est vivement à regretter que les études annoncées depuis neuf mois n'aient pas encore été faites. Ne pouvant les attendre plus longtemps, nous essaierons d'y suppléer. Les appréciations de ce genre, quelqu'imparfaites qu'elles soient dans tous les cas, sont ici rendues plus faciles par le résultat connu des études qui, depuis plusieurs années, ont sillonné la contrée de Caulnes à Lamballe, de Lamballe à Saint-Malo et de Saint-Malo à Caulnes.

A moins d'admettre une irrégularité choquante, le nouveau tracé ne semble pouvoir se détacher de l'ancien qu'aux abords de Quévert, à deux ou trois kilomètres de Dinan. Il rencontre de bonne heure sur la direction de Plancoët un faîte qui est signalé par les cotes 114, 103, 107 et 102, et qui présente un front de trois kilomètres. De là, il faut descendre dans la vallée de l'Arguenon, pendant une dizaine de kilomètres, pour arriver, si l'on veut passer à niveau, comme on l'annonce, à des cotes qui ne doivent pas être supérieures à 15 ou 20. On remonte ensuite vers la forêt de la Hunaudais à la cote 102, pour rentrer dans les terrains inclinés vers Lamballe, au milieu desquels se développe le tracé de Saint-Malo. En tenant compte de l'augmentation de parcours et des développements que demandera le ménagement des courbes et des pentes dans des terrains aussi difficiles, nous pensons, après avoir recueilli et rapproché diverses opinions, que le parcours s'augmentera, par rapport au tracé de Plélan, d'environ 4 kilomètres, et la dépense d'une somme correspondante (1).

Sur ces bases, que nous donnons, bien entendu, sous toutes réserves et comme de simples approximations, qu'il appartient à Dinan de remplacer, quand il le voudra, par le résultat des études annoncées, la longueur à construire entre Dol et Lamballe serait

portée à . . . . 64 kil. 600 mètres.
et la longueur à parcourir à. . . . . 68 kil. 425 mètres.

La dépense s'élèverait à 19,500,000 fr. environ.

Le tracé du littoral emprunte, a partir de Dol jusqu'à Saint-Malo, sur 23 kil. 58 mètres 51 c. de longueur le chemin de Rennes à Saint-Malo. De cette dernière station, par un rebroussement de 1 kil. 362 mètres, il se dirige vers la Rance qu'il franchit à Jouventes, passe au sud-est de Pleurtuit et au nord du Plessix-Balisson; traverse l'Arguenon un peu au sud de Plancoët, s'élève vers la forêt de la Hunaudais, et descend vers Trégomar par le ruisseau du Gast; rencontre près de ce village le tracé de Dinan-Lamballe et se confond avec lui jusqu'au chemin de Rennes à Brest sur lequel il se soude à 3,200 mètres de Lamballe.

Le seul grand ouvrage d'art à construire est le pont de la Rance dont nous parlerons plus bas.

La longueur à construire entre Dol et Lamballe

est de . . . . 45 kil. 652 mètres.
La longueur à parcourir, de . . . . 73 kil. 272 mètres.

---

(1) En raison de la difficulté générale des terrains entre Dinan et la forêt de la Hunaudais, on ne s'étonnera pas que nous calculions le prix de ces quatre kilomètres sur la moyenne générale du tracé de Dol-Dinan-Lamballe, sans déduction de la part afférente dans cette moyenne à celui des deux grands ouvrages d'art de ce tracé que l'on supprime. En l'absence d'études, tout autre parti eût présenté, du reste, un caractère encore plus arbitraire.

Les terrassements à faire seront de 1,983,006 m. c. 79 soit pour 45 kil. 652 mètres un cube de 43,437 mètres par kilomètre (1).

La dépense est évaluée, sans le pont de la Rance, à 12,369,579 fr. soit par kilomètre 270,953 fr. 72.

On propose d'établir les stations suivantes :

Pleurtuit, à 11 kilomètres de St.-Malo; Ploubalay (2), à 5 kilomètres de Pleurtuit; Plancoët, à 11 kilomètres de Ploubalay; S.t-Aubin des bois, à 11 kilomètres de Plancoët et à 12 kilomètres de Lamballe.

Pont de Jouventes.   Le projet du pont de Jouventes a été demandé, sur la proposition de MM. les ingénieurs chargés des études du littoral, à l'établissement du Creuzot, qui avait déjà fourni le projet du pont de Bizeux. Il comporte à la fois un pont rail-way et un pont-route, occupant chacun la moitié de la largeur de l'ouvrage. Le fond sur lequel s'élèvera le pont est partout rocheux. La profondeur de l'eau est d'environ onze mètres, à mer basse, dans le chenal, et de deux à quatre mètres dans le reste; la largeur de la rivière, de 413 mètres au bas de l'eau et de 497 mètres dans les plus hautes marées. La vitesse du courant, mesurée à la surface un jour de marée moyenne, au droit de la pointe de Cancaval, c'est à dire à 800 mètres en aval de Jouventes, sur un point où la rivière se resserre subitement, a été trouvée à basse mer de 0 ^{m} 31 par seconde; à mi-marée, de 0 ^{m} 54; à haute mer, de 0 ^{m} 33.

La longueur totale du pont sera de 540 mètres; la longueur entre les culées, de 534. Il se compose de huit travées dont six espacées de 70 mètres et deux de 57. L'intrados est à 20 mètres au dessus des eaux moyennes, c'est à dire à 13 mètres environ au dessus des plus hautes mers connues, et à 27 mètres au dessus des plus basses.

Le tablier se partage en deux parties égales. Le côté droit en partant de Saint-Malo est occupé par la chaussée destinée à la voie ordinaire; le côté gauche, par le chemin de fer.

---

(1) Ces terrassements ont été calculés non, comme il est d'usage dans beaucoup d'avant-projets, sur une moyenne tirée de projets analogues, mais avec une exactitude rigoureuse.

(2) La station destinée à desservir le bourg de Ploubalay a été placée près du village de la Corbinière. C'est le point le plus rapproché du bourg. Outre ce motif, on a eu en vue de profiter du chemin de grande communication de Ploubalay à Dinan. Il ne faut pas se dissimuler cependant que la distance est mal coupée entre Pleurtuit et Plancoët. Si le pays le demandait et se montrait disposé à mettre en état les chemins de Ploubalay et de Trégon à Languenan, par le Plessix-Balisson, la station pourrait, avec un avantage marqué, être reportée au-dessous de ce dernier village. Elle y serait juste à mi-distance, 8 kilomètres, des stations de Pleurtuit et de Plancoët.

La dépense est évaluée par le Creuzot à 2,800,000 fr. dont 2,183,700 francs pour 3,765,000 kilog. de fer à 0 fr. 58 c. le kilog., et 616,300 fr. pour les maçonneries. Ce dernier chiffre est donné comme une prévision fondée sur la dépense faite dans des cas analogues. MM. les ingénieurs du département, après avoir soumis cette partie du travail à un calcul régulier, ont cru devoir augmenter de près de 400,000 fr. les estimations et porter à 3,200,000 fr. la dépense totale. Le prix moyen du mètre courant du pont ressort donc, d'après le Creuzot, à 5,181 fr. 18 c. et d'après MM. les ingénieurs à 5,925 fr. 92 c. (1).

Un péage sera établi au passage du pont-route. En tenant compte de la circulation considérable que le chemin de fer laissera à ce pont, et en y appliquant le tarif proposé par l'administration, en 1840, pour le

---

(1) Dans le sein de la commission d'enquête comme dans notre mémoire nous avions indiqué le chiffre de 6,000 fr. par mètre courant comme paraissant devoir être le prix de revient du pont de Jouventes.

Les fondations seront faites à l'aide de l'air comprimé, comme viennent de l'être celles du pont de Bordeaux. Si la marée a des oscillations moins considérables à Bordeaux qu'à Jouventes, en revanche le sol est excellent sur ce dernier point, tandis que sur le premier il a fallu descendre profondément dans les vases pour poser les premières assises des maçonneries. Les personnes qui n'ont jamais vu fonctionner les ingénieux appareils au moyen desquels on exécute aujourd'hui les travaux sous-marins, ne liront pas sans intérêt les extraits suivants d'un article dans lequel M. A. Esquiros décrit ceux en usage en Angleterre :

« .... Ce qu'il y a de vraiment beau dans cette invention est de sentir l'eau fuir sous les pieds avec une sorte de respect. Grâce à un appareil si simple, l'homme fait le vide devant sa volonté au sein de l'élément liquide. Il dit à l'onde : va-t-en, et elle se retire...... C'est ainsi que la ligne des eaux profondes n'est plus aujourd'hui un obstacle aux entreprises des ingénieurs...... Les pierres qui doivent être jointes ensemble au fond de la mer sont taillées, préparées et numérotées d'avance sur le rivage. On les descend ensuite au moyen d'un cabestan dans des précipices de trente à soixante pieds d'eau, où des ouvriers travaillant sous la cloche les reçoivent, les ajustent et font, assure-t-on, presque autant de besogne que les maçons qui travaillent en plein air...... Leurs salaires ne s'élèvent guère au-dessus du tarif des ouvriers ordinaires...... L'été, ils restent assez généralement sous l'eau de sept heures du matin jusqu'à midi, et d'une heure jusqu'à six heures du soir. Leur santé ne paraît guère altérée par ce long séjour dans l'atmosphère de la cloche. » — On cite un ouvrier, qui, à 70 ans, avait passé un quart de sa vie sous l'eau. La cloche à plongeur peut contenir jusqu'à six hommes travaillant ensemble. Elle a pour complément sur les grands ateliers le *scaphandre* ou casque et vêtement à plongeur avec tube et pompe à air, qui laisse à l'ouvrier la liberté de se mouvoir tout autour de l'ouvrage en construction. « Les hommes revêtus de cet appareil restent trois ou quatre heures de suite sous les eaux tranquilles, puis ils remontent à la surface où ils se reposent pendant une heure pour renouveler leurs forces. » C'est au moyen de la combinaison de ces deux appareils que l'Angleterre a exécuté depuis quarante ans les vastes travaux des ports de Plymouth, de Douvres, de Ramsgate et de Londres.

pont de Bizeux, on estime que le péage pourra produire annuellement 60,000 fr. (1)

Nous portons à la charge du chemin de fer la moitié de la dépense du pont. Il occupe, en effet, juste la moitié de la largeur de l'ouvrage. L'autre moitié sera représentée par les subventions qui sont toujours accordées pour ce genre d'entreprises, et par le produit du péage pendant le nombre d'années déterminé par la concession.

La route impériale n° 168, de Quiberon à Saint-Malo, devrait être rectifiée sur onze kilomètres de longueur et ramenée dans la direction du chemin vicinal actuel de Ploubalay à Saint-Malo par Jouventes. Si l'on ne voulait pas toucher à la route, et si l'on tenait à la maintenir dans la traverse de Dinard, on arriverait au même but et à très peu de frais, en ouvrant sur huit à neuf kilomètres de longueur un chemin qui continuerait, à partir de la Maugerais, le chemin de grande communication de Plancoët à Plouër, passerait par le Plessix-Balisson et rejoindrait à Trémereuc la route de Dinan à Saint-Malo. Le même résultat, celui de mettre le pays d'outre-rance en communication directe avec le pont-route, serait obtenu ainsi d'une manière simple et très peu coûteuse.

La diminution de parcours effectif, que nous allons bientôt faire ressortir dans la comparaison synoptique des tracés demandés par Saint-Malo et par Dinan, n'est pas la seule sur laquelle on peut compter dans le premier de ces tracés. Il en est une autre dont le Génie militaire a pris l'initiative dans l'intérêt de la rapidité, qui ne saurait jamais être trop grande, des évolutions du corps chargé de la défense de la côte entre Cancale et le cap Fréhel. Dans ce but, il demande l'ouverture d'une voie entre le Boscq près Jouventes et la Landelle à un kilomètre en deçà de la Gouesnière. Cette voie ferait gagner six kilomètres aux troupes qui auraient à suivre le long de la côte les démonstrations d'une flotte ennemie.

Si un jour, comme tout porte à le croire, le chemin de Paris à Brest

(1) Cette somme représente les intérêts de 1,200,000 fr. La dépense prévue est de 1,600,000 fr. Eu égard au service de l'amortissement et aux frais d'entretien, la subvention nécessaire paraîtrait devoir s'élever à 500,000 fr. En 1840, le Gouvernement avait offert un million, le tiers de la dépense, pour le pont de Bizeux. Ainsi que nous l'avons rappelé, page 32 de ce mémoire, un haut fonctionnaire estimait, à cette époque, que l'établissement du pont amènerait une augmentation annuelle de 400,000 fr. dans le revenu du Trésor.

est ramené dans sa direction naturelle, c'est à dire dans la direction de la basse Normandie et de St.-Malo, la voie supplémentaire demandée dans un intérêt stratégique deviendra la voie principale. Les trains express l'emprunteront certainement. Dans ce cas, une succursale de la gare de Saint-Malo, placée au point d'intersection de la ligne vers St.-Malo et de celle vers la Gouesnière, et faisant un service analogue à celui de la station des Aubrais près d'Orléans, servira de lien entre les convois express et la gare, située à cinq kilomètres seulement de distance. C'est ici, qu'on le remarque bien, une véritable rectification, dans le sens le plus littéral du mot, et non un changement brusque de direction vers l'intérieur ; elle est demandée au nom d'un intérêt militaire, et, s'agissant d'un chemin stratégique, cet intérêt doit obtenir une considération toute spéciale. Nos deux villes perdraient ainsi quelques uns des avantages de la grande ligne, il faut bien le reconnaître ; elles devraient aller prendre les trains express à cinq kilomètres à l'aide d'un train spécial, comme le font les habitants d'Orléans pour tous les trains qui se dirigent sur Nantes ou en reviennent. Cet inconvénient, disons le cependant, paraîtra bien peu de chose au moment où elles seront mises en possession des avantages attachés à la grande voie de Paris à Brest.

Dans le tableau qui suit nous avons réuni divers éléments de comparaison des tracés de Dol-St.-Malo-Lamballe et de Dol-Dinan-Plancoët-Lamballe. Nous avons soigneusement distingué ce qui a été l'objet d'études régulières, de ce qui reste encore, à défaut d'études accomplies, dans le domaine des appréciations.

Tableau comparatif
des deux tracés
de
St.-Malo et de Dinan.

Suit le tableau.

TERMES DE COMPARAISON	TRACÉS DEMANDÉS		DIFFÉRENCES		OBSERVATIONS
	PAR S.-MALO	PAR DINAN	EN PLUS	EN MOINS	
1° LONGUEURS.					
...cours absolu du point 108 k. 600 sur la ...ection de Pontorson à Dol, à la gare de ...amballe.	(1) 79 k. 896 m.	(2) 71 k. 441 m.	»	»	(1) Y compris 5,956 mètres de la section de Pontorson.
...ongement dû au passage par Plancoët (3)	»	4 k. »	»	»	(2) Y compris 6,755 mètres de la section de Pontorson.
...ongement dû à l'excédant de rampes (4)	»	4 k. 689 m.	»	»	(3) Chiffre approximatif.
...tification de Jouventes : abréviation à ...éduire (5).	6 k. »	»	»	»	(4) On suppose, comme c'est généralement admis, que 10 mètres à monter équivalent à 1 kilomètre horizontal.
...cours *à comparer*	73 k. 896 m.	80 k. 130 m.	»	6 k, 234 m.	Sommes des pentes et rampes :
...mbre de kilomètres à construire d'après ...s projets. . . , ...	45 k. 652 m.	60 k. 600 m.	»	»	Parcours de Dinan . . . . 332 m. » / id. de St.-Malo . . . 285 m. 11 / Différence . . . . . 46 m. 89
...sage par Plancoët.	»	4 k. »	»	»	Cette différence sera sensiblement augmentée quand on y comprendra le résultat de la variante de Plancoët.
...tification de Jouventes	6 k. »	»	»	»	(5) Chiffre approximatif.
...vaux *à comparer* : nombre de kilo-...mètres à construire	51 k. 652 m.	64 k. 600 m.	»	12 k. 948 m.	(6) Relevé des longueurs en courbes à petits rayons :
2° DÉCLIVITÉS.					St.-Malo. / Dinan.
...ximum des pentes.	0 m. 012	0 m. 012	»	»	C. de 400 m. R. » m. 800 m. / — 500 m. — 5,042 m. 3,959 m. 93 / — 600 m. — 520 m. 1,794 m. 34 / Totaux . . 5,562 m. 6,554 m. 27
3° COURBES ET ALIGNEMENTS.					(7) Le pont charretier occupe juste la moitié de la largeur de l'ouvrage, et représente, dès lors, la moitié de la dépense.
...ximum de rayon (6)	500 m.	400 m.	100 m.	»	
...ngueurs en courbes	17 k. 816 m.	21 k. 878 m.	»	4 k. 062 m.	(8) Chiffre approximatif. Dépense évaluée au prix moyen du chemin. Les terrains à traverser sont faciles, mais on compte en compensation la construction d'une succursale pour la grande gare.
...gnements	50 k. 892 m.	38 k. 722 m.	12 k. 170 m.	»	
4° DÉPENSES.					(9) Chiffre approximatif.
...jets de MM. les Ingénieurs.	12,369,579 f.	18,262,200 f.	»	»	
...t de Jouventes, part du chemin de fer (7)	1,600,000 f.	»	»	»	
...tification de Jouventes (8)	1,618,956 f.	»	»	»	
...sage par Plancoët (9)	»	1,205,424 f.	»	»	
...penses *à comparer*	15,588,535 f.	19,467,624 f.	»	3,879,089 f.	
...penses par kilomètre	301,799 f.	301,356 f.	»	»	

, Le chemin de fer du littoral se rapproche de Dinan près de Pleurtuit au point de ne plus s'en trouver qu'à treize kilomètres. C'est une occasion de rattacher Dinan au système des chemins de fer et de cimenter l'union naturelle des villes de Saint-Malo, Saint-Servan, Dinan et Dinard qui se pressent sur les bords de la Rance maritime.

Le tracé de cet embranchement se détache de la ligne principale au sud de la station de Pleurtuit, passe près et à l'est de Trémereuc, à l'est de Pleslin, à l'ouest de Saint-Samson, et vient aboutir au nord-ouest de Dinan, de manière à toucher la ville, un peu au delà du chemin de Ploubalay.

Il n'y a aucun ouvrage d'art exceptionnel à exécuter sur cette direction.

La longueur à construire entre Dinan et Pleurtuit est de. . . . . 13 kil. 400 mètres.

La longueur à parcourir entre Dinan et Saint-Malo est de. . . . . 25 kil.

Le projet comporte les deux stations suivantes :

Pleslin-Plouër, à 5 kil. de Pleurtuit; Saint-Samson, à 5 kil. de Pleslin et à 4 kil. de Dinan.

Dinan, par cette disposition des stations, obtiendrait un véritable service de banlieue, aussi agréable qu'utile à ses habitants.

La dépense a été évaluée dans trois hypothèses :

La première, dans laquelle l'embranchement serait exécuté suivant les mêmes conditions que la ligne principale, c'est à dire avec le même maximum de pentes, le même minimum de courbes, les mêmes types de stations, de passages à niveau et de clôtures, l'achat des terrains pour deux voies, les terrassements pour une seule, les travaux d'art pour deux, porte la dépense à . . . . 3,281,300 fr. »

Soit 244,873 fr. 13 par kilomètre;

La seconde, qui ne diffère de la première qu'en ce que les terrains sont achetés et les travaux d'art exécutés pour une seule voie, réduit la dépense à . . 3,129,500 fr. »

Soit 233,544 fr. 78 par kilomètre;

La troisième enfin, pour laquelle on a adopté le programme des chemins de fer secondaires, ramène la dépense à . . . . 2,087,690 fr. »

Soit 155,797 fr. 76 par kilomètre.

C'est évidemment ce dernier parti qui doit être préféré.

Le seul inconvénient qu'il présente est d'entraîner un peu plus de dépenses de traction. Les courbes étant toutes à très grands rayons et les pentes ne dépassant pas 0 ᵐ 015, limite admise et quelquefois dépassée sur les grandes lignes, l'inconvénient signalé ne peut entrer en comparaison avec l'économie à obtenir sur les frais de construction.

Dans les conditions des deux premières hypothèses, la dépense est hors de toute proportion avec le revenu à attendre; pour un tel chemin, il n'y a pas à espérer que l'Etat comble une pareille différence. On peut compter, au contraire, qu'il sera possible de construire et d'exploiter ce chemin au prix d'une subvention égale et peut être inférieure à celle du chemin du littoral. L'intérêt considérable de nos deux villes à l'ouverture de cette voie, non moins que les sentiments de justice qui animent le Gouvernement, sont à Dinan un sûr garant du succès de la combinaison proposée par Saint-Malo. L'économie de plusieurs millions qu'assure cette proposition, et qui a sa source dans la diminution des travaux à faire et la réduction de la subvention de l'Etat proportionnellement à cette diminution des travaux et à l'augmentation du revenu, nous donne la confiance que le Gouvernement l'accueillera dans son entier et traitera sur le même pied la ligne principale et l'embranchement jusqu'à Dinan.

Il y a mieux : nos deux villes sont prêtes, si Dinan veut unir ses efforts aux leurs, à fondre dans un seul et même projet les sections de Saint-Malo à Dinan, de Dinan à Caulnes et de Caulnes à Napoléonville et à en poursuivre progressivement l'exécution. La première est étudiée aux frais de nos deux villes; la seconde l'a été aux frais de Dinan, et la troisième par les soins des principaux propriétaires de l'arrondissement de Loudéac. Le Gouvernement a refusé, il y a un an, de considérer cette ligne comme rentrant dans la classe des chemins d'intérêt général. Mais une loi récente qui crée une classe de *chemins de fer départementaux*, permet de l'entreprendre à ce dernier titre. Il est possible de grouper, dès à présent, autour d'elle les puissants moyens dont disposent les cinq villes et les trois départements intéressés.

Déjà le Morbihan a senti la haute utilité que cette ligne aurait pour lui par suite du débouché que nos ports lui assuraient vers l'Angleterre. Par un vœu tout spontané, qu'on veuille bien le remarquer, par un vœu tout spontané, il a demandé, dans sa dernière session, que le chemin de fer projeté de Napoléonville à Saint-Brieuc soit reporté dans la direction de St.-Malo. Nous sommes avec tout notre pays reconnaissant et honoré de cette démarche, mais nous ne croyons pas que nos villes doivent l'appuyer. Le chemin de Napoléonville à St.-Brieuc nous paraît acquis au pays qu'il doit traverser et particulièrement à St.-Brieuc. Ce n'est pas nous que l'on verra, après avoir revendiqué sur Dinan le chemin du littoral, entreprendre jamais sur le droit de nos voisins. Leur part est faite, respectons la, et, à notre tour, tâchons de nous assurer la nôtre; mais faisons le au profit de tous, et que ce ne soit aux dépens de personne. Cette part sera le prix de l'union rétablie entre nos trois villes, de l'énergie et de la persévérance de nos efforts communs. L'œuvre en vaut la peine, et ce qui s'est accompli depuis vingt ans en matière de chemins de fer, n'est pas fait pour nous décourager (1).

Le chemin de fer de Cherbourg à Brest par le littoral n'a pas seulement en sa faveur les grandes considérations qui se rattachent à la marine, à la défense du territoire, au commerce et à l'agriculture, à l'économie des dépenses et à l'abréviation du parcours; il se trouve être encore le complément nécessaire du réseau des chemins de fer bretons.

Si l'on veut bien parcourir des yeux l'extrait ci-joint d'une carte de Bretagne (carte n° 2), on reconnaîtra que le réseau représente dans ses traits généraux et en dehors de toute classification officielle,

1° Une ligne embrassant, à partir de la Loire jusqu'au Couesnon, le contour des côtes. Cette ligne devra détacher, probablement à Guingamp, un embranchement destiné à desservir le littoral, de Lannion à Paimpol; et, à Pleurtuit, un embranchement sur Dinan et Napoléonville;

---

(1) Le journal de Dinan qui a soutenu la polémique de cette ville contre Saint-Malo ne s'est pas montré de notre avis. « L'*Armorique* de Saint-Brieuc, dit il dans son numéro du 2 avril 1865, se récrie très haut à propos de l'accord intervenu entre les villes de Saint-Malo et de Dinan dans la question du chemin de fer. — Ce que Saint-Malo et Dinan demandent, dit-elle, c'est tout simplement de priver Saint-Brieuc de la ligne de Napoléonville; c'est l'annulation des engagements solennels pris par le Gouvernement et la compagnie de l'ouest; c'est le rappel de la loi qui a concédé à la compagnie de l'ouest la ligne de Saint-Brieuc à Napoléonville. — Eh bien ! ajoute le journal de Dinan, si l'on acquiert la conviction qu'une loi doit être modifiée dans l'intérêt du pays, pourquoi reculerait-on? Ne voit-on pas le gouvernement faire de ces modifications ! » On voit quelles étaient les dispositions du journal de Dinan envers Saint-Brieuc. Cette polémique, édifiante pour la dernière ville, n'eut pas de suite. Le prétendu accord entre Saint-Malo et Dinan n'avait alors pour fondement qu'un malentendu. L'accord, un véritable accord, dans lequel personne n'aura rien à perdre et où tout le monde devra gagner, aura lieu, nous l'espérons bien, mais ce sera sur des bases plus solides que celles annoncées par le journal de Dinan.

2° Une première ligne transversale d'Auray à St.-Brieuc par Napoléon-ville, coupant la Bretagne du nord au sud par son milieu;

3° Une seconde ligne transversale, dirigée également du nord au sud appuyée, d'un côté sur l'Océan, de l'autre sur la Manche, et fermant la péninsule à la gorge;

4° Une ligne de Rennes à Saint-Brieuc, qui devra avoir pour pendant une ligne de Rennes à Vannes par Montfort et Ploërmel;

5° Une ligne de Paris à Rennes, rattachant toutes les autres au centre et à l'ancienne capitale de la Bretagne ainsi qu'à l'intérieur de la France, et sur laquelle se détache un chemin de Vitré à Fougères, destiné à venir rejoindre à Pontorson la ligne du littoral (1).

Rien de plus satisfaisant que ce réseau qui semblerait, tout entier et au même moment, être sorti d'une même pensée, d'un même et vigoureux esprit, habitué à voir de haut les choses et à dominer les intérêts locaux et contingents pour ne donner satisfaction qu'aux intérêts généraux et permanents. Tel que nous venons de l'esquisser, ce réseau ne fait que porter la Bretagne dans la moyenne, au plus, des autres régions. Le développement dont nous indiquons les traits les plus saillants, est, croyons nous, d'un avenir assuré; il répond à la pensée qui a été apportée de si haut dans notre pays, il y a un an à peine, et que nous avons été heureux de pouvoir prendre comme épigraphe du présent mémoire (2).

Nous ne doutons pas un instant que, dans cette conception véritablement grandiose, Saint-Malo et Saint-Servan n'aient eu, dès le principe, la part que la force des choses tendait à leur assigner, c'est à dire le chemin de Rennes et celui du littoral. Nous n'en voulons pour preuve que le mémoire signé, en 1842, par les hommes les plus éminents de Dinan lui même.

velle et véritable
grande ligne
Paris à Brest.

Il nous reste pour achever la tâche que nous nous sommes donnée, à revenir ici sur un aperçu dont nous avons déjà parlé et qui fait prévoir pour la partie qui nous touche dans la ligne de Cherbourg à Brest, un

---

(1) En ce moment même la société départementale d'agriculture d'Ille-et-Vilaine demande l'étude d'un autre embranchement qui donnerait à Rennes par Châteaubriant une voie nouvelle et plus directe sur Nantes et sur Angers. Nos ports ne peuvent voir qu'avec intérêt une entreprise qui agrandirait de ce côté le rayon de la zone dans laquelle ils puisent pour l'exportation des denrées alimentaires.

(2) Il faut lire dans son ensemble le discours de M. A BÉHIC, Ministre des Travaux publics, à l'inauguration du chemin de Brest.

rôle tout nouveau à jouer, un office inattendu à remplir dans la circulation générale (1).

Tout le monde connait la situation du port de Brest et ce que le gouvernement de l'Empereur a entrepris pour lui ouvrir de nouvelles destinées en rapport avec ses aptitudes naturelles. Il y a un an, M. Béhic, Ministre des Travaux publics, élevant son langage à la hauteur du spectacle qui se déroulait sous ses yeux, disait en ouvrant à la circulation le premier chemin de fer qui touchât à ce rivage :

« La nature a tout fait pour Brest. A l'extrémité d'un cap qui, pénétrant profondément dans l'Océan, semble s'élancer pour abréger la distance qui sépare la France du Nouveau-Monde, Dieu a donné à Brest autant qu'à aucun autre port parmi les plus favorisés, l'atterrissage facile, les eaux hospitalières et profondes, les refuges sûrs et hors de toute insulte. Les bienfaits de l'Empereur auront fait le reste. Relégué naguère à l'une des extrémités les moins fréquentées de la France, voici Brest tout à coup devenu LA TÊTE DE LIGNE ET LA GARE MARITIME DES DEUX PLUS GRANDES VOIES DU TRANSIT INTERNATIONAL, syphons immenses qui vont plonger directement au nord, au sud, à l'est dans les principaux réservoirs de la consommation et de la production en Europe. »

Nous sommes de ceux qui croient à la réalisation des espérances que donne la création du port de commerce de Brest, et qui la saluent comme un évènement dont notre port lui même recevra le salutaire contre-coup. Déjà Brest, quoique inachévé, a été ajouté comme escale à l'itinéraire de la compagnie de navigation chargée du service postal entre la France et les Etats-Unis; près de la moitié des voyageurs viennent s'y embarquer ou y débarquent, bien que les paquebots ne puissent encore y venir bord à quai et qu'il faille aller les prendre en rade. La navigation d'un continent à l'autre est, de ce fait, sensiblement abrégée. Bienfait inappréciable pour les personnes, économie de temps, d'argent et de risques pour les affaires et pour les choses !

En présence des intérêts si vastes et si urgents qui vont se concentrer jusque du fond de l'Europe sur la voie de Paris à Brest, on peut pré-

---

(1) Cet aperçu a déjà été indiqué dans des documents émanés de Saint-Malo et de Dinan, en 1842 et 1846, ainsi que dans le rapport récent de la commission dinannaise du chemin de fer. Dès 1840, les ingénieurs d'Ille-et-Vilaine en avaient fait, au point de vue des routes de terre, l'objet d'appréciations et de calculs.

voir que rien ne coûtera pour exonérer cette grande circulation des circuits nombreux qui allongent si péniblement le parcours actuel. On regrettera peut être alors de ne pas avoir adopté dans son entier la combinaison demandée, en 1842, par la Basse-Normandie et le nord de la Bretagne, et qui donnait le plus court chemin de Paris à Brest et à Cherbourg; on regrettera d'avoir fait plus encore : d'avoir reporté ce chemin, d'Alençon qui était déjà trop au sud, au Mans qui l'est encore bien davantage. Paris, Saint-Malo, Brest, sont situés à très peu près sous le même parallèle géographique :

Latitude de Paris . . . .   48° 50' 13" $\left.\begin{array}{l} \\ \\ \\ \end{array}\right\}$
— de St.-Malo. .   48° 39' 03"   Latitude moyenne 48° 37' 37",
— de Brest . . . .   48° 23' 35"

c'est à dire, presque exactement celle de Saint-Malo et très exactement celle de Jouventes. L'arc de grand cercle qui donne la distance la plus courte entre Paris et Brest, est de 4° 32' 20", ce qui, dans l'hypothèse d'un aplatissement de la sphère de 1/305, donne pour distance en mètres 504,146 mètres 02, ou 126 lieues 3/100. La ligne actuelle par le Mans compte 623 kilomètres, c'est à dire 119 kilomètres ou tout près de trente lieues de plus que la distance réelle entre les deux points extrêmes (1).

Le classement d'une nouvelle ligne touchera certainement des intérêts, mais ne sera une atteinte à aucun droit acquis. L'exemple d'Alençon est trop près de nous encore pour que l'on puisse soutenir le contraire. Il ne peut y avoir de droit acquis contre une loi naturelle; il y a des transactions souvent motivées, mais reposant toujours sur des faits variables par essence, comme l'agglomération des populations, les courants commerciaux, les intérêts politiques. On a compté avec ces faits , et peut être non sans raison, quand on a classé la ligne actuelle; il en surgit deux nouveaux qui semblent devoir dominer tous les autres et amener un déplacement d'intérêts : la création du port de commerce de Brest et l'attache des paquebots transatlantiques à ce port. Le moment arrive donc où le besoin de se rapprocher de la ligne la plus directe se fera sentir, et où la question se fera jour à travers les intérêts contraires.

On commencera par prendre la voie plus courte, que l'on trouvera

---

(1) Un de nos amis, M. Henri Heurtault, directeur des mouvements du port militaire de Saint-Servan, a bien voulu faire pour nous ce calcul.

ouverte dans la direction de Granville et de Saint-Malo. Rien ne pourra faire obstacle à ce mouvement. Puis, la circulation croissant dans ce sens,-on s'occupera de lui donner des facilités nouvelles, en rectifiant la déviation que doivent former, par rapport à la magistrale tirée de Paris à Brest, les chemins combinés de Paris à Granville et Cherbourg à Brest.

Déjà, le chemin de Cherbourg à Brest une fois ouvert, des tronçons de lignes diverses vont former une communication non interrompue et abrégée entre Paris et Brest (1). Tous sont ou seront entre les mains de la Compagnie de l'ouest. Alors même qu'il n'interviendrait pas de classement spécial, des trains à grande vitesse pourront y être organisés sur tout le parcours. Ce résultat, obtenu sans aucune charge nouvelle, aurait déjà son importance. Il serait complété par une rectification entre Pontorson et la croisée d'Almenèches au dessous d'Argentan (2). La ligne nouvelle serait alors digne à tous égards de figurer dans le système des deux lignes vertébrales qui traversent la France du nord au sud et de l'est à l'ouest, de Calais à Marseille et de Strasbourg à Brest, en se croisant à angle droit à Paris; digne aussi de recevoir le nom que lui donnait naguère, dans un si grand langage, M. A. Béhic, Ministre des Travaux publics.

Nous ne cachons pas le vif intérêt avec lequel nous pressentons une pareille détermination, qui nous placerait sur l'une des deux grandes lignes de la France, nous mettrait à même de prendre part aux avantages de l'immense transit auquel elle doit servir, et nous ferait profiter pour nos relations avec Paris et Brest d'une double et précieuse économie de temps et de dépenses. Dinan profiterait comme nous, dès le premier jour, de cette nouvelle voie et ne suivrait plus d'autre direction pour ses communications avec Paris. Ce serait un lien de plus ajouté aux liens déjà si forts qui l'unissent à nous (3).

----

(1) Voir la carte n° 2 jointe au présent mémoire.

(2) Cette rectification aurait, en elle même et considérée au point de vue des intérêts régionaux seuls, une valeur considérable. Elle partagerait en deux parties presque égales, de l'est à l'ouest, comme il va l'être du nord au sud par le chemin de Flers à Laval, le vaste quadrilatère formé par les chemins d'Argentan à Granville, d'Argentan au Mans, du Mans à Rennes, et de Rennes à Granville. Cette région est l'une des plus riches de France en produits naturels ou manufacturés. Un double débouché direct vers Paris et vers la mer, donnerait à sa fortune l'impulsion la plus énergique.

(3) Les éléments nous manquent pour une appréciation, suffisamment rapprochée, de l'abré-

Nous terminons cet exposé en demandant que le tracé du chemin de fer de Cherbourg à Brest par le littoral, tel que les villes de Saint-Malo et Saint-Servan ont été autorisées à le faire étudier, soit adopté, en principe, avec son annexe naturelle l'embranchement de Pleurtuit sur Dinan. L'utilité publique de l'entreprise elle même a été reconnue par les commissions d'enquête des trois départements intéressés; la loi qui doit l'autoriser peut donc être rendue. En ouvrant cette voie nouvelle, le gouvernement de l'Empereur qui a déjà tant fait pour l'agrandissement des forces navales de la France, trouvera l'occasion d'y ajouter un nouvel et utile appoint. Il assurera du même coup la fortune de l'agriculture de toute une vaste région et y ranimera, sous de nouvelles formes, l'industrie précieuse et recommandable entre toutes, dont St.-Malo, aux temps de sa grandeur commerciale, était le commanditaire et le débouché. Il complètera la protection de nos côtes et de la population si courageuse et si dévouée qui les habite. Enfin, les ports de St.-Malo et St.-Servan qui doivent déjà tant à une auguste initiative, entreront en possession des moyens de reconquérir leur fortune. Sans être infidèles à de glorieux souvenirs, patrimoine commun de tous les enfants de ce pays, ils chercheront des voies nouvelles à leur esprit d'entreprise. Ne gardant du passé que sa tradition forte et féconde, ils feront face à l'avenir, comme leur en donnait naguère le conseil une voix éloquente et autorisée (1). Ils ont là des devoirs moins brillants à remplir envers le pays, mais des services non moins utiles peut être à lui rendre.

---

viation de parcours que donnerait la nouvelle ligne de Paris à Brest. D'après le mémoire de la commission dinannaise, page 6, il résulte d'un rapport des ingénieurs et de calculs exacts, que, si l'on faisait seulement une rectification entre Avranches et Flers de l'Orne, on gagnerait 80 kilomètres sur la ligne actuelle. M. le Maire de Dinan, dans le rapport de la commission d'enquête des Côtes-du-Nord, page 2, dit 75 kilomètres seulement. En partant de ces chiffres, on serait fondé à croire que la rectification beaucoup plus radicale dont nous parlons (de Pontorson à la croisée d'Almenèche) épargnerait 85 à 90 kilomètres sur le parcours actuel.

(1) M. le Vte Duchâtel, ancien préfet, administrateur de la compagnie des chemins de fer de l'ouest; discours prononcé à l'inauguration du chemin de fer de Saint-Malo à Rennes. 27 juin 1864.

ANNEXES.

ANNEXE N° 1.

ADRESSE A SA MAJESTÉ L'EMPEREUR NAPOLÉON III.

(Février 1865)

Sire,

Votre Majesté a voulu que nos deux grands ports militaires de la Manche et de l'Océan, Cherbourg et Brest, fussent réunis par une voie ferrée.

Pour préparer l'exécution de ce grand dessein, le chemin de fer de Paris à Brest a dû s'infléchir à partir de Rennes et se rapprocher de la côte, de manière à former, de Lamballe à Brest, un tronc commun avec la ligne de Cherbourg. A son tour, le chemin de Rennes à Saint-Malo, au lieu de suivre sa direction naturelle par les fertiles et populeuses vallées de l'Ille, du Linon et de la Rance, s'est élevé sur le plateau granitique de Combourg pour redescendre vers la mer à la hauteur de Dol, et donner, de ce point à Saint-Malo, un nouveau tronc commun à la grande ligne projetée.

Dans l'un comme dans l'autre de ces tracés Dinan a été laissé entièrement à l'écart. Pour le tirer de son isolement, on aurait songé, paraît-il,

---

(1) Une adresse conçue dans des termes presque identiques à celle-ci, a été signée par un grand nombre de communes. Le refus fait par le Gouvernement de prendre à sa charge le chemin demandé de Napoléonville à Caulnes, et des renseignements plus précis sur celui de Cherbourg à Brest, ont fait adopter la rédaction définitive qui va suivre.

à ramener vers l'intérieur la ligne de Cherbourg à Brest, et nous apprenons que des études ont été faites et se poursuivent dans ce but.

Ces études qui semblent remettre en question nos droits acquis, ont semé parmi nous de vives inquiétudes. Nous venons, Sire, les déposer aux pieds de Votre Majesté.

Qu'il nous soit permis tout d'abord de nous étonner que Dinan ait pu, alors qu'il s'agissait d'une ligne projetée dans l'intérêt de la puissance maritime de la France, concevoir la pensée de détourner cette ligne des grands établissements de l'embouchure de la Rance, d'un port qui avait une glorieuse histoire lorsque d'autres grands ports avaient encore à peine un nom, d'une station navale pour laquelle on vient de dépenser vingt millions et qui peut abriter, en face des îles anglaises, les plus grandes escadres, du pays enfin qui fournit le principal recrutement de nos flottes.

Nous ne méconnaissons pas, Sire, les droits de Dinan. Mais ne peut-on sauvegarder ces droits sans porter atteinte au caractère essentiellement maritime et stratégique de la ligne de Cherbourg à Brest, sans sacrifier les puissants intérêts qui se groupent autour de Saint-Malo et sur la côte jusqu'à Saint-Brieuc? Il suffit, croyons-nous, pour obtenir ce résultat, d'un court embranchement de Saint-Malo sur Dinan, pouvant se prolonger sur Rennes par Caulnes. Dinan, placé au centre et sur le trait d'union de deux grandes lignes, deviendrait, aussi bien que l'arrondissement dont il est le chef-lieu, l'un des pays les plus favorisés dans la répartition des voies ferrées.

Le parcours absolu de Cherbourg à Brest est presque le même dans le tracé du littoral et dans le plus court des tracés de l'intérieur; la longueur de chemin à construire est, dans ce dernier, beaucoup plus grande. Quant au trafic, le tracé du littoral, qui doit ouvrir à Saint-Malo le vaste marché de la Bretagne du nord, à côté de celui de la Basse-Normandie et du Haut-Maine; qui passe au milieu de populations riches et agglomérées, ce tracé, disons-nous, promet un revenu que l'on ne peut songer à comparer à celui du tracé de l'intérieur, et assure au Trésor un allègement notable des charges que doit lui imposer la création de la ligne de Cherbourg à Brest.

Nous appelons, en terminant, la sollicitude de Votre Majesté sur une dernière et grave considération. La partie des côtes de France, la plus exposée aux coups de l'ennemi est celle qui s'étend de Cancale au cap Fréhel. L'histoire est là pour le démontrer. La sûreté de cette côte, celle de nos familles et de nos propriétés, reposent entièrement sur les forces concentrées à St.-Malo et appuyées sur les forces de réserve de la place de Rennes. Le chemin du littoral peut seul donner à ces forces la mobilité et la rapidité d'action qui deviennent plus que jamais, avec la nouvelle tactique navale, la condition de leur efficacité.

A tous ces titres, Sire, nous sollicitons de Votre Majesté, le maintien du tracé du littoral. Loin de craindre aucune comparaison, nous demandons instamment que des études soient faites pour le mettre en face du tracé de l'intérieur, et permettre à Votre Gouvernement de prononcer en connaissance de cause entre les deux.

ANNEXE N° 2.

(Renvoi de la page xiv de la préface)

C'est le 16 novembre 1863 seulement que les études faites par la ville de Dinan ont été autorisées par M. le Ministre des Travaux publics. Celles de la direction de Saint-Malo avaient été ordonnées par le Gouvernement lui même et de sa propre initiative, dès 1846.

La pensée elle même du chemin de fer de Cherbourg à Brest et de son passage par St.-Malo remonte à 1842. A cette époque, Dinan soutenait le tracé par le littoral et même par nos ports. Nous avons cité ailleurs, pour le prouver, des extraits d'un mémoire, signé par les hommes les plus autorisés de Dinan, le 25 novembre 1842, et adopté à l'unanimité par le comice central d'agriculture de commerce et d'industrie de Dinan. Dans un autre mémoire, présenté à la même époque par une commission dite administrative, l'alternative de la direction par Dinan ou par Saint-Malo fut, nous assure-t-on, pour la première fois indiquée, mais on n'insista que sur le devoir de favoriser, de préférence à l'intérieur de la Bretagne, des contrées riches et industrieuses, telles que celles du littoral nord. Nous n'avons pas eu sous les yeux ce dernier mémoire que l'on nous dit, du reste, être conçu dans des termes analogues à ceux du premier.

En 1846, la question s'était resserrée : il ne s'agissait plus, pour le moment, que de raccorder par Saint-Malo et Granville les lignes de Bretagne et celles de la Normandie. On empruntait, à cet effet, une partie importante du chemin projeté de Cherbourg à Brest. Avranches prenait l'initiative de cette proposition. Dans un mémoire du 8 septembre 1846, cette ville demandait que le chemin de Paris sur la Basse-Normandie se bifurquât à Avranches, d'un côté sur Saint-Malo, de l'autre sur Granville. C'était toujours, au fond, le chemin de Paris à Brest et à Cherbourg, mais cette fois le tronc commun s'étendait jusqu'à Avranches.

Le 15 juin 1846, une commission du conseil municipal de Dinan se mettait en rapport avec St.-Malo « dans le but d'appuyer cet embranchement, auquel, écrivait le président de la commission, Dinan voudrait participer (1) ».

La même année, le conseil général de l'Orne appuyait une combinaison analogue, dans laquelle continuait à figurer la section d'Avranches à Saint-Malo.

Enfin, après de nombreuses délibérations de la chambre de commerce de Saint-Malo, du conseil d'arrondissement et des conseils municipaux, les villes de Saint-Malo et Saint-Servan mettaient à la disposition du Gouvernement les fonds qui leur étaient demandés pour les études de Saint-Malo à Granville.

Pour préciser la portée de ce vote, nous donnons des passages du rapport de M. Bossinot-Pomphily au conseil municipal de Saint-Malo, et de celui de M. de Torcy au conseil général de l'Orne.

M. Bossinot-Pomphily. « Une fois assurés de la communication avec Rennes, nous pensons que la jonction de Saint-Malo à Granville serait un fait d'importance majeure, non seulement pour nos intérêts mais pour ceux de l'Ille-et-Vilaine et d'une grande partie des départements bretons, parce qu'alors la Basse-Normandie et la côte nord de Bretagne étant reliées entre elles, se trouveraient en rapport direct par Rennes, ville principale de notre province, avec la Basse-Bretagne et les bassins de la Mayenne et de la Sarthe. »

M. de Torcy. « Les intérêts de l'Orne peuvent et doivent se multi-

---

(1) C'est exactement ce désir très naturel que nous avons voulu satisfaire en proposant l'embranchement de Dinan.

plier par suite de projets qui réuniront à Vire et à Flers, d'un côté une ligne sur Avranches et St.-Malo, de l'autre une ligne sur Saint-Lô. Ce ne sont point là, Messieurs, des espérances chimériques; ce sont des espérances que la force des choses et des intérêts, force supérieure aux influences des hommes, quelque haut placés qu'ils soient, doit nécessairement réaliser dans un pays où la raison finit toujours par avoir raison et à une époque où les écus deviennent intelligents » (1).

Les études du chemin de Saint-Malo à Granville devaient être entreprises en même temps et sur les mêmes fonds que celles du chemin de Saint-Malo à Rennes. On commença naturellement par ces dernières. La révolution de 1848 survint : on ajourna les autres à des temps meilleurs. En 1859, le conseil général de la Manche tentait de faire reprendre la question. Trois ans plus tard, en 1862, Saint-Malo, en faisant prévaloir le tracé de Dol pour le chemin de Rennes, ne fit qu'affirmer de nouveau la communauté de conception de ce chemin et de celui de Granville. Le passage par Saint-Malo de l'embranchement sur la Normandie, ou, dans une expression plus générale, le passage par St.-Malo du chemin de Cherbourg à Brest reçut ainsi un commencement d'exécution.

Les choses en étaient là lorsqu'en 1863 Dinan s'est jeté en travers de nos droits acquis et de ses propres précédents.

ANNEXE N° 3.

(Renvoi de la page xi de la préface)

Que l'on nous permette de donner ici un extrait de notre mémoire du 22 juillet 1864, relatif au passage de la Rance, dans lequel nous avons posé pour la première fois le principe de la revendication par Saint-Malo et Saint-Servan, du chemin de Cherbourg à Brest.

« La ville de Dinan, disions-nous, a obtenu que le chemin de fer de Cherbourg à Brest soit étudié dans le sens d'une ligne directe entre Dol et Dinan, sans comprendre comme tronc commun, ainsi qu'on avait dû le croire, la section déjà livrée à la circulation entre Dol et Saint-Malo.

---

(1) On peut remarquer combien ces prédictions, émanées d'un esprit si ferme et si clairvoyant, ont peu tardé à s'accomplir.

Je n'ai pas la prétention de connaître les intérêts de Dinan mieux que Dinan lui même; mais j'avais toujours cru jusqu'à présent que son effort suprême devait être de se rattacher à la mer et à sa métropole, commerciale. Je n'examinerai pas davantage si les intérêts maritimes et stratégiques, intérêts qui semblent devoir tout dominer dans une ligne de cet ordre, sont bien sauvegardés dans un pareil tracé. Toujours est-il que, si nous considérons à notre tour les choses au point de vue particulier de nos besoins, nous pouvons tenir pour assuré que, une fois ce tracé passé dans les faits accomplis, le transit du nord de la Bretagne vers Paris et la Normandie est à jamais perdu pour Saint-Malo. Le pont de Bizeux, en ramenant ce courant dans sa direction la plus naturelle, peut préserver le pays de cette atteinte à l'un des plus chers intérêts de son avenir. »

Note jointe au même mémoire :

« Ce serait peut être ici le lieu d'insister sur l'allusion rapide que nous avons faite dans les dernières lignes de notre mémoire, au danger dont menacent notre pays les études qui se continuent pour faire passer par Dinan la grande ligne de' Cherbourg à Brest. Le cri d'alarme que nous avons jeté a eu peu d'écho au milieu des dissensions qu'entretient parmi nos deux villes la question d'achèvement du bassin à flot. »

« A défaut d'initiative de notre part, le Gouvernement avisera dans sa sagesse. Il a doté la Bretagne d'un magnifique réseau embrassant tout le contour de ses côtes et reliant ses nombreux ports de commerce entre eux et avec l'intérieur par deux lignes transversales et une ligne partant du centre, à Rennes, et se dirigeant, d'un côté sur Paris, de l'autre sur Brest. — Nantes, Saint-Nazaire, Redon, Vannes, Lorient, Quimper, Châteaulin, Brest, Morlaix, Saint-Brieuc sont ou vont être rattachés les uns aux autres. Saint-Malo seul manquera-t-il à ce merveilleux ensemble? L'une des mailles les plus importantes du réseau restera-t-elle en lacune? Nos ports seront-ils déshérités de cette ligne de Cherbourg à Brest qui semblait devoir leur être définitivement acquise, le jour où on leur avait imposé pour leurs relations avec Rennes le détour par Dol, destiné dans la pensée de ceux qui l'ont projeté et fait prévaloir à devenir un tronc commun avec la ligne de Cherbourg? Laissera-t-on non seulement sans relations mais sans défense les petits ports et les populations de la côte entre Saint-Brieuc et

Saint-Malo, de la côte la plus exposée de toutes les côtes de France aux incursions et aux ravages de l'ennemi ? »

» Nous avons la confiance qu'il n'en sera pas ainsi. On s'était effrayé du passage de la Rance près de St.-Malo : les études du pont de Bizeux ont fait justice de ces craintes. Une simple augmentation de force dans les travées en fer de ce pont peut le rendre propre au passage du chemin de fer. Qui pourrait donc détourner plus longtemps le Gouvernement de la voie où l'appellent de si hauts intérêts ? C'est à lui à peser dans sa justice ce qui est dû à Dinan. Il n'y manquera pas, et nous avons nous mêmes tout à gagner à ce qu'il lui accorde, par exemple, un embranchement se détachant à Pleurtuit sur la section de Saint-Malo à Saint-Brieuc pour se rendre à Dinan, et pouvant être ultérieurement prolongé jusqu'à la rencontre du chemin de fer sur Rennes. »

« Dans notre conviction, cette combinaison qui rentre si bien dans les vues d'ensemble du réseau, qui rattacherait à son tour Dinan à Saint-Malo et à la mer, qui le mettrait en rapport presque aussi direct avec la Basse-Bretagne et la Normandie, cette combinaison, disons nous, répondrait plus largement à ses besoins mêmes que la ligne de Dol et Caulnes ou Lamballe, et ne sacrifierait, comme le fait l'autre, ni l'harmonie de l'ensemble, ni les intérêts généraux de l'Etat, ni les intérêts particuliers de St.-Malo et de la population si patriotique et si dévouée qui se presse autour de cette vieille et illustre cité. » ·

ANNEXE N° 4.
(Renvoi de la page xiv de la préface)

On peut consulter entre autres documents relatifs à la pensée première de Dinan sur le chemin de fer de Cherbourg à Brest, le mémoire déjà cité du comice central de Dinan, où le passage par Saint-Malo et par le littoral de la ligne de Paris à Cherbourg et à Brest est demandé, au nom des intérêts de Dinan, avec une force de raison qui a été rarement égalée dans les documents émanés de Saint-Malo sur la même question. La création de la ligne de Rennes à Saint-Malo y est expressément prévue, et cependant on ne demande pas même un embranchement sur cette ligne ou sur celle dirigée vers Brest. C'est en 1846 seulement qu'on voit poindre dans une lettre écrite au maire de Saint-

Malo (15 juin) le désir d'être rattaché à la ligne qui, de Granville, devait venir à Saint-Malo.

Seize ans après, en 1862, Dinan ne songeait encore qu'à un « petit » embranchement sur le chemin de Rennes à Brest. Voici, en effet, ce que nous lisons au sujet de la question du chemin de fer dans le programme de la nouvelle administration municipale (1er février 1862) :

« .... Il faut procurer à Dinan la vie industrielle que les chemins de fer progagent, en obtenant le tronçon sur Caulnes...... »

(Extrait d'une lettre de M. le sous-préfet de Dinan, du 22 septembre 1861, citée *in extenso* dans le programme).

« La grande ligne de fer de Paris à Brest ne pouvait toucher Dinan sans un préjudice de temps et d'argent pour la compagnie et les voyageurs. Grâce à l'heureuse entremise de M. Fessard, ingénieur en chef, à qui nous devons principalement les modifications de tracé de la ligne de l'ouest, la voie ferrée s'est rapprochée de nous de 12 kilomètres, et n'en est plus qu'à cinq lieues. Une station d'arrêt pour tous les trains, y compris ceux de grande vitesse, se fera à Caulnes, et nos concitoyens savent déjà qu'un commencement d'études a eu lieu pour relier cette station avec Dinan par un petit embranchement qui passerait au milieu des sablonnières de Saint-Juvat. M. Fessard a bien voulu patronner ce projet et l'exposer avec le talent et le zèle dont il est capable. Un instant, nous avons pu espérer qu'il ferait partie du quatrième réseau et même qu'il serait soumis aux chambres, en 1862; mais les réformes inaugurées par le Ministre des Finances pourraient bien renvoyer à quelques années l'exécution d'une ligne qui a tant d'intérêt pour nous. Votre administration, Messieurs, veillera et ne perdra pas l'occasion de faire valoir les motifs d'intérêt général ou local qui militeraient en faveur du chemin de fer de Dinan à Caulnes. »

Voilà tout ce que contient au sujet des chemins de fer l'*Exposé de la situation générale de la ville de Dinan et le programme de la nouvelle administration municipale.* 1er février 1862. On voit qu'il n'y est pas question du chemin de fer de Cherbourg à Brest. On présente le chemin de Dinan à Caulnes, non pas comme une section de cette grande ligne, mais comme « un petit embranchement de la ligne de Rennes à Brest. »

Pourquoi Dinan n'est-il pas resté fidèle à cette pensée de 1862, à la tradition de 1842, à celle de 1846? Pourquoi est-il venu, sans même prendre la peine de dénoncer les arrangements antérieurs, se porter sur notre terrain, prendre prétexte de ce même « petit » embranchement de Caulnes pour détourner de nous la ligne du littoral? En se maintenant dans son ancienne position, Dinan se fût trouvé, nous le croyons, plus près de la réalisation de ses légitimes aspirations, qu'en accueillant la pensée de ramener à Dinan la ligne de Cherbourg à Brest. Dans une fusion tout amiable d'intérêts, il eût apporté comme contingent la ligne étudiée par ses soins de Dinan à Caulnes; nous y eussions joint la continuation de cette ligne vers Saint-Malo. Dinan serait ainsi entré en participation des avantages attachés au chemin de Cherbourg à Brest et à la nouvelle ligne de Paris. Les vieilles relations de bonne entente se fussent maintenues sans altération.

A l'heure qu'il est, cette grande affaire, soutenue par le vœu unanime du pays, ou serait terminée, ou marcherait à grands pas vers une solution favorable. Où en sommes nous, au contraire? Des divisions contre nature se sont produites et, malgré la modération de St.-Malo, malgré l'intérêt sincère qu'il garde pour Dinan, laisseront peut-être quelques traces. Un retard, au moins, se produit dans la satisfaction si impatiemment attendue; et le chemin de Saint-Malo à Caulnes reste atteint aux yeux du Gouvernement par le désaveu que Dinan, dans la poursuite du chemin de Cherbourg à Brest, a cru devoir lui donner, quand il a été proposé, avant nous, par trois de ses plus honorables citoyens.

ANNEXE N° 5.

Ainsi que nous l'avons fait connaître dans un post-scriptum de la préface, c'est seulement lorsque le présent mémoire était imprimé que nous avons pu prendre connaissance du travail définitif de MM. les Ingénieurs. La dépense prévue pour la ligne principale est arrêtée à 12,352,119 fr. au lieu de 12,369,579 fr. que nous avions portés dans le tableau de la page 80. Le pont de Jouventes est projeté à 21 mètres 38 au lieu de 20 mètres au-dessus des eaux moyennes. L'étude de la voie supplémentaire demandée par le Génie militaire et que nous avons comptée pour 6 kil. de longueur et pour 1,618,956 fr. de dépense, n'est pas comprise dans ce travail. Enfin, la dépense *totale* du pont de la

Rance, ce qui constitue une différence de forme avec notre manière d'envisager cette partie de la question, a été portée à la charge du chemin de fer, sauf déduction ultérieure d'une subvention sur les fonds des routes représentant la part de ce dernier service dans l'entreprise. Il n'échappera pas qu'au point de vue du chemin de fer la situation reste exactement la même que nous l'avions posée dès le principe : que la part du pont-route dans la dépense soit payée par un péage ou par une subvention, le chemin de fer n'en reste pas chargé.

Voici comment MM. les Ingénieurs établissent le calcul général des dépenses, y compris le pont-route de Jouventes :

Grande ligne : Longueur à construire 45,652 m.;	Dépense totale 15,552,119 fr.;	Dépense par kilomètre 340,667 fr. »	
Embranchement : id. 13,400 m.;	id. 2,087,690 fr.;	id. 155,797 fr. 76	
Totaux et moyennes . . . . 59,052 m.;	17,639,809 fr.;	298,746 fr. 54	

Il n'a pas été tenu compte des 790 mètres à construire en moins, dans le tracé de Saint-Malo, aux abords de Dol, du côté de la Manche. C'est une déduction de 210 à 220,000 francs à faire sur le total des dépenses.

Dans son mémoire, l'auteur de l'avant-projet, M. Sion, s'exprime ainsi :

« En résumé, l'ensemble du projet des deux villes — ligne principale de St.-Malo à Lamballe et embranchement de Pleurtuit à Dinan — (1), répondant aux divers intérêts engagés dans la question du tracé du chemin de fer de Cherbourg à Brest, nous paraît en être une heureuse et très complète solution. »

« Nous avons recherché aussi, ajoute-t-il, la possibilité de relier, pour le transport des marchandises, la station de Dinan avec son port par une voie ferrée, si le besoin en était jamais reconnu. On y parviendrait par la vallée très encaissée dite *des Eaux,* suivant le tracé figuré au plan d'ensemble, sur un parcours de trois kilomètres. »

La dépense totale de ce raccordement serait de 434,500 fr. y compris la gare maritime. Ce tracé touche la fontaine des Eaux : doublé d'une voie carrossable il ouvrirait un chemin abrégé, à courbes bien ouvertes et à pentes douces pour la desservir.

Nous extrayons du rapport de M. de Matty de Latour, ingénieur en

---

(1) Quelques lignes plus haut, M. Sion avait supposé avec nous le prolongement sur Caulnes, comme devant infailliblement suivre l'embranchement de Pleurtuit à Dinan.

chef du département d'Ille-et-Vilaine, en date du 16 mai 1866, les passages suivants :

« Dès 1842, il a été question du chemin de fer de Cherbourg à Brest. La nécessité d'une voie reliant les points principaux du littoral entre ces deux villes, est trop réelle pour qu'elle ne reçoive pas son exécution dans un avenir non éloigné..... Saint-Malo, compris entre les ports de Cherbourg et de Brest, avec lesquels il importe qu'il communique promptement en temps de guerre, paraît donc devoir être nécessairement sur le parcours du chemin de fer destiné à les réunir. Cette direction du chemin de fer du littoral par Saint-Malo a été demandée autrefois (tant elle paraissait naturelle) et en plus d'une circonstance, par la ville de Dinan elle même, intéressée effectivement à la prospérité de sa voisine, avec laquelle elle a des relations fréquentes. Mais Dinan qui, à cette époque, croyait peut être amener jusqu'à lui les rails du chemin de fer de Rennes à Brest, ayant vu que son espoir ne pouvait être réalisé, pressé d'avoir un chemin de fer, a eu la pensée d'attirer à lui celui de Cherbourg à Brest, dont le but principal (et il le savait très bien à l'époque où il le demandait par Saint-Malo) doit être cependant de servir à la marine et à la défense du pays..... Déjà, nous devons le rappeler ici, en 1855, époque à laquelle nous terminâmes l'avant-projet du chemin de fer de Rennes à Saint-Malo, en proposant d'éloigner celui-ci de la ligne directe qui passait par Châteauneuf, notre plus fort argument pour l'écarter jusqu'à Dol, fut d'aller au devant du chemin de fer qui devait venir un jour du côté de la Normandie. Ce point fut admis d'abord par les conseils municipaux de St.-Malo et St.-Servan, et par le conseil général d'Ille-et-Vilaine, et prescrit ensuite par un décret. DÈS LORS LE TRONÇON DE DOL A SAINT-MALO PUT ÊTRE CONSIDÉRÉ, DANS LE PAYS, COMME APPARTENANT AU CHEMIN DE FER DU LITTORAL (1). »

« Cependant la ville de Dinan, dont les intérêts jusqu'à ce jour avaient été unis à ceux de Saint-Malo, devenant aujourd'hui sa rivale, a fait étudier deux tracés d'un chemin de fer entre Dol et Lamballe, et la touchant, qu'elle présente comme faisant partie de la grande ligne de Cherbourg à Brest..... Nous ferons remarquer qu'aucun de ces deux chemins de fer ne saurait être qualifié de CHEMIN DU LITTORAL..... Nous ajouterons que la direction par Caulnes produit un si grand écartement

---

(1) **Tous les mots que nous soulignons sont soulignés aussi dans l'original.**

de la ligne directe entre Dol et Lamballe, QU'ELLE NOUS PARAÎT DEVOIR ÊTRE ÉCARTÉE IMMÉDIATEMENT dans la comparaison à faire des tracés par Saint-Malo, d'une part, et par Dinan, de l'autre..... Quant au tracé direct de Dol à Lamballe....., il traverse un pays si peu peuplé que la commission d'enquête d'utilité publique a demandé l'étude d'une direction sur Plancoët, afin de le rapprocher de la côte, où la population est agglomérée. On espère ainsi obtenir une amélioration, malgré une augmentation de parcours de près de quatre kilomètres et un excédant de dépenses d'environ 1,200,000 francs. L'idée seule de cette déviation qui aurait pour but de rejoindre à Plancoët la zone du tracé par Saint-Malo, n'est elle pas un argument bien significatif contre la direction par Dinan, et ne parle-t-elle pas fortement en faveur de celle par Saint-Malo? »

« Les villes de Rennes et de Dol ont été favorables au tracé par Dinan..... Mais il est à remarquer que LES RAISONS QUI MOTIVENT LEUR OPINION SONT SANS AUCUNE VALEUR AU POINT DE VUE DES CONDITIONS RIGOUREUSES QUI DOIVENT DÉTERMINER LA LIGNE DE CHERBOURG A BREST. »

« Par toutes ces raisons, dit en terminant son mémoire M. l'Ingénieur en chef d'Ille-et-Vilaine, DUT-IL *(le tracé du littoral)*, AU LIEU D'ÊTRE MOINS DISPENDIEUX QUE LE TRACÉ PAR DINAN, COUTER QUELQUES MILLIONS DE PLUS, NOUS PENSONS QU'IL DEVRAIT ENCORE ÊTRE PRÉFÉRÉ A CELUI-CI. »

P. S. Au moment où s'imprime la présente feuille, le bruit se répand que, la place de St.-Malo, côté de terre, est comprise dans les quatre-vingt-dix-huit places fortes qui viennent d'être déclassées en tout ou en partie. S'il en est ainsi, on se rendra facilement compte que l'établissement du chemin fer du littoral va prendre un caractère de plus grande urgence : c'est sur lui plus que jamais que reposera la sécurité de Saint-Malo. Ce chemin n'est-il pas, en effet, comme nous le disons dans notre mémoire, « un instrument de défense plus puissant que les murailles » ?

Saint-Servan — Imprimerie Le Bien.

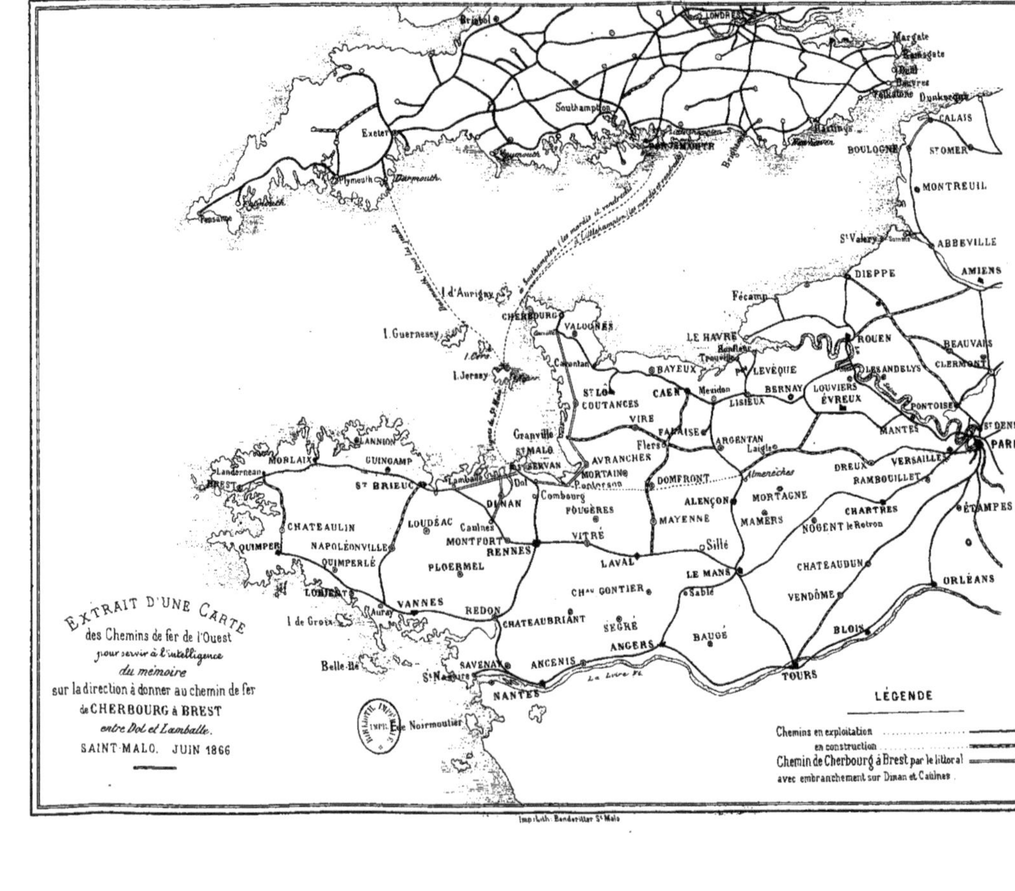

Bristol
LONDRES
Margate
Ramsgate
Deal
Douvres
Folkstone Dunkerque
Southampton
CALAIS
Exeter
BOULOGNE
St OMER
Plymouth Dartmouth
MONTREUIL
Penzance
St Valery ABBEVILLE
AMIENS
I. d'Aurigny
DIEPPE
Fécamp
I. Guernesey
CHERBOURG
LE HAVRE
ROUEN
VALOGNES
BEAUVAIS
I. Cers
Honfleur
CLERMONT
Trouville
LES ANDELYS
I. Jersey
Carentan
BAYEUX LEVÊQUE
LOUVIERS
BERNAY ÉVREUX
St LO
CAEN Mezidon
PONTOISE
COUTANCES
LISIEUX
MANTES
VIRE
St DENIS
Granville
FALAISE
ARGENTAN PARIS
St MALO
Flers Laigle
VERSAILLES
LANNION
SERVAN
AVRANCHES
DREUX
MORLAIX GUINGAMP
MORTAIN
Almenèches RAMBOUILLET
Landerneau
Lambale Dol
DOMFRONT
BREST
St BRIEUC St Lambert
Pontorson
MORTAGNE
CHARTRES
DINAN Combourg
ALENÇON
FOUGÈRES
MAMERS NOGENT le Rotrou
CHATEAULIN
LOUDÉAC Caulnes
MAYENNE
ÉTAMPES
NAPOLÉONVILLE
MONTFORT
VITRÉ Sillé
QUIMPER
QUIMPERLÉ
RENNES
CHATEAUDUN
LAVAL
PLOERMEL
LE MANS
ORLÉANS
LORIENT
VANNES
Chau GONTIER Sablé
VENDÔME
I de Groix Auray
REDON
BLOIS
Belle-Ile
CHATEAUBRIANT
SEGRÉ
BAUGÉ
SAVENAY
ANGERS
St Nazaire
ANCENIS
La Loire Fl.
TOURS
NANTES
Ile de Noirmoutier

EXTRAIT D'UNE CARTE
des Chemins de fer de l'Ouest
pour servir à l'intelligence
du mémoire
sur la direction à donner au chemin de fer
de CHERBOURG à BREST
entre Dol et Lamballe.
SAINT-MALO. JUIN 1866

LÉGENDE
Chemins en exploitation
en construction
Chemin de Cherbourg à Brest par le littoral
avec embranchement sur Dinan et Caulnes.

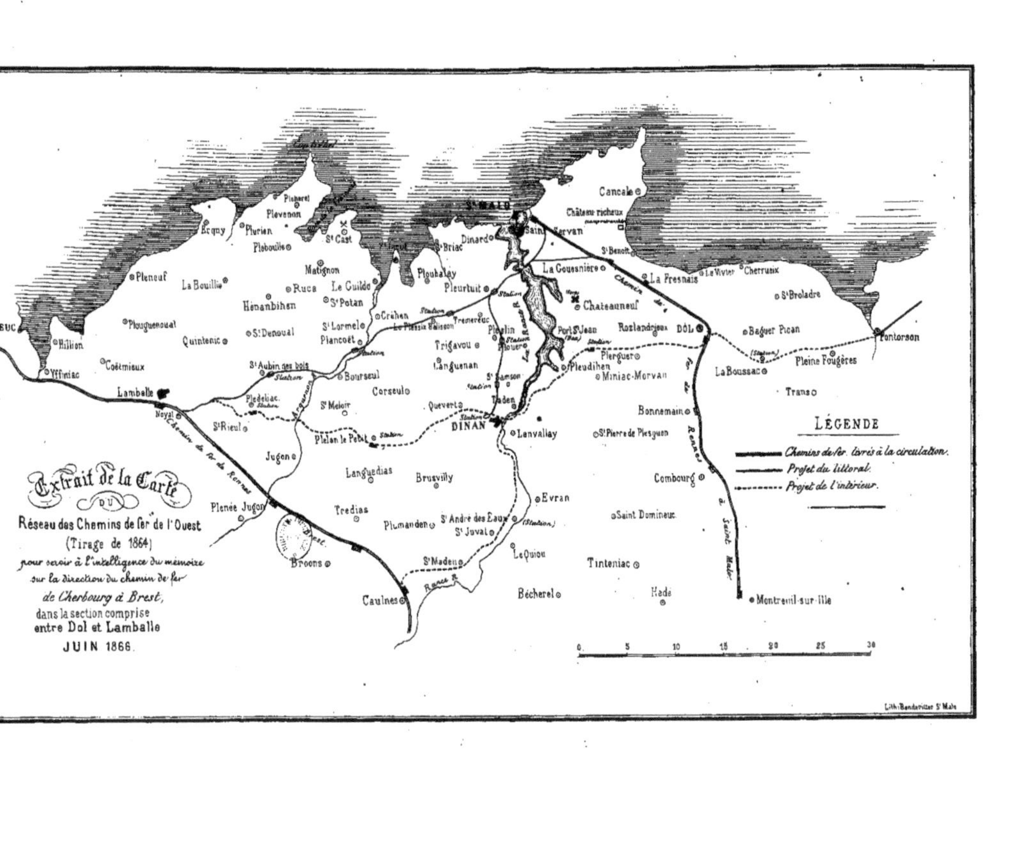
Extrait de la Carte
DU
Réseau des Chemins de fer de l'Ouest
(Tirage de 1864)
pour servir à l'intelligence du mémoire
sur la direction du chemin de fer
de Cherbourg à Brest,
dans la section comprise
entre Dol et Lamballe
JUIN 1866.
LÉGENDE
Chemins de fer. livrés à la circulation.
Projet du littoral.
Projet de l'intérieur.
Lith. Bandeville S.t Malo
S.t MALO
Cancale
Château richeux
Saint Servan
Dinard
S.t Benoit
La Goesnière
La Fresnais
Le Vivier
Cherruix
S.t Broladre
Chateauneuf
Baguer Pican
Rozlandrieux
DOL
Pontorson
Port S.t Jean
Pleine Fougères
Plerguer
La Boussac
Pleudihen
Miniac-Morvan
Trans
Bonnemain
S.t Pierre de Plesguen
Combourg
Saint Domineuc
Evran
Tinteniac
Hede
Bécherel
Montreuil-sur-Ille
Pisaret
Plevenon
Erquy
Plurien
Pleboulle
S.t Cast
Briac
Matignon
Pleneuf
La Bouillie
Ruca
Le Guildo
Ploubalay
Pleurtuit
Hénanbihen
S.t Potan
Créhen
Plouguenoual
S.t Lormel
Le Plessis Balisson
Tremereuc
Plelan
Quintenic
S.t Denoual
Plancoët
Trigavou
Taden
Coëtmieux
S.t Aubin des bois
Bourseul
Languenan
S.t Samson
Yffiniac
Corseul
Queverts
Lamballe
Plédeliac
S.t Meloir
DINAN
Lenvallay
Noyal
S.t Rieul
Plélan le Petit
Jugon
Languédias
Brusvilly
Plenée Jugon
Tredias
Plumauden
S.t André des Eaux
S.t Juval
Broons
S.t Maden
Le Quiou
Caulnes
Rance
IBUC
Hillion
0   5   10   15   20   25   30